자본주의 체제에서는 인간이 인간을 착취한다.
공산주의 체제에서는 착취 계층만 바뀔 뿐이다.

- 존 케네스 갤브레이스 -

지역경제 어떻게 살릴 것인가?

자영업, 전통시장을 춤추게 하라

초판 1쇄 발행 2021년 12월 31일

지은이 지역경제 연구소
펴낸이 이기봉
편집 좋은땅 편집팀
펴낸곳 도서출판 좋은땅
주소 서울특별시 마포구 양화로12길 26 지월드빌딩 (서교동 395-7)
전화 02)374-8616~7
팩스 02)374-8614
이메일 gworldbook@naver.com
홈페이지 www.g-world.co.kr

ISBN 979-11-388-0567-4 (03320)

지역경제 어떻게 살릴 것인가?

지역경제 필독서 1

자영업, 전통시장을 춤추게 하라

지역경제 연구소 지음

좋은땅

프롤로그

이 책의 목적은 돈에 관해 새로운 이야기를 하려는 것이다. 돈이 무엇인지, 즉 돈의 성격과 돈의 본질적 속성을 쉽게 이해할 수 있도록 도울 것이며, 현행 돈 시스템 아래에서는 지역경제가 왜 갈수록 어렵고 불황은 계속되는지 그 원인을 깨닫게 하고 그에 대한 해법과 대안을 스스로 찾아갈 수 있도록 안내할 것이다.

지역경제는 늘 어렵다. 서민들은 먹고살기가 어렵다고 늘 하소연한다. 이것저것 살 것은 많은데 돈이 부족하다는 의미일 것이다. 자영업 전통시장 등 상인들은 돈이 돌지 않아 장사가 안 된다고 늘 아우성이다. 대형 유통자본이 시장을 독점하여 장사가 안 된다는 의미일 것이다. 다시 말해 돈의 결핍과 순환하지 않는 돈이 지역경제를 어렵게 한다는 뜻이 아니겠는가?

그러나 고도 성장기에는 돈의 결핍도 없었고, 돈의 순환도 빨랐다. 거래와 소비는 왕성했으며 그래서 시장에는 항상 돈이 넘쳐났으며, 국가경제와 지역경제는 한 덩어리로 움직였으며 지역경제는 팡팡 돌아갈 수 있었다.

모든 문제의 근원은 돈에 있다. 빈곤과 청년실업, 소득양극화, 인구 감소, 소비 감소, 자영업 매출 감소, 아니 지역경제의 불황과 위기의 원인은, 정부의 잘못된 경제정책도, 지방정부의 역량 부족도, 아니 자본주의 모순 탓도 아니다. 모든 문제의 뿌리는 돈이며, 돈의 결핍이다.

이 모든 어려움이 돈에서 비롯된 것이라면, 도대체 돈이 무엇이고, 돈이 지역경제와 어떻게 작동하는지 알아야 하지 않겠는가?

그런데도 누구도, 아니 경제학자들조차 돈이 무엇인지 알려고 하기는커녕 알 필요가 없다고 제멋대로 단정해 버린다. 자본주의 시장경제가 지극히 당연하게 받아들이는 '돈'에 대해 문제를 제기하는 것은 물론 쉬운 일은 아닐 것이다.

하지만 분명한 것은 돈이 '무엇인지' 모르고는, 왜 돈은 결핍되고, 왜 돈은 순환하지 않는지 알 수 없으며, 돈의 본질과 속성을 깨닫고 이해할 수 있어야 비로소 그 원인을 꿰뚫을 수 있으며, 그에 대한 지혜와 해법을 얻을 수 있을 것이다.

순환하지 않으면 돈은 결핍되고, 돈이 고갈되면 거래와 소비는 감소하고 불황과 경제 침체는 불가피하다. 이것은 경제의 기본원리다.

그러함에도 지역 관리나 정치인 아니 경제학자들조차 지역경제의 계속되는 불황의 원인이 무엇인지 잘 모른다. 그래서 돈의 외부(서울) 유출과 돈이 순환하지 않는 원인을 모를 뿐만 아니라 알려고도 하지 않는다. 그저 국가경제와 마찬가지로 성장만을 외쳐 댄다. 더 많은 예산 확보, 대기업 유치, 4차 산업혁명을 들먹이며 말이다.

필자는 오랫동안 '자영업 전통시장을 비롯한 지역경제 살리기' 문제에 대해 많은 생각과 연구를 했지만, 기존의 전통적 경제 논리로는 문제 해결이 어렵다고 보았다. 그래서 경제를 움직이는 돈 자체의 구조적 모순, 즉 본연의 기능인 '교환수단'은 배제되고 '축적수단'으로만 작동하려는 돈의 본질과 속성이 불황과 경제 위기의 원인이라는 생각을 갖게 되었다.

요약하면, '순환하지 않는 성질'이 돈의 본질적 속성이며, 그래서 돈은 결핍되고, 불황과 경제 위기는 불가피하다는 것이다. 바꿔 말하면, 돈이 잘 순환하면 불황은 없으며, 경제가 잘 돌아갈 수 있다는 논리다.

이미 1930년의 세계 대공황 당시 이 이론을 기반으로 '이자가 붙지 않는 돈' 또는 '시간이 지나면 가치가 감소하는 돈' 등 여러 종류의 지역화폐가 탄생했으며, 당시 세계 대공황의 대혼란기에 회생불능에 빠진 지역경제를 단숨에 살려낸 경험을 역사가 증명하고 있다.

지금 일본과 유럽 일부 국가에서 채용되고 있는 비상식적(?) '마이너스 금리' 제도도 이 논리를 근거로 하고 있으며, 돈을 순환시키기 위한 극단적인 제도다. 세계경제든 국가경제든, 아니 지역경제도 '돈을 어떻게 잘 순환시킬 수 있느냐'가 경제 살리기의 핵심이다. 국가경제는 불황이 오면 돈을 찍어 내고 금리를 내리는 방법 등으로 돈을 순환시킬 수 있지만, 지역경제는 그럴 방법도 권한도 없다. 어떻게든, 돈을 원활히 순환시킬 수만 있다면, 어떤 최악의 지역경제도 바로 살아나고 불황은 극복될 것이다.

경제를 움직이는 것은 돈이다. 어찌 돈을 빼고 경제를 논할 수 있겠는가? 경제에서 돈처럼 중요한 것은 없지만 행정 관료도 정치인도, 아니 경제학자들조차 돈이 무엇인지 알려고 하지 않으며 도리어 금기시한다. 그래서 돈에 대한 지식이 절대적으로 부족하다. 학교에서 가르치지도 않으며 경제 교과서를 아무리 뒤져 봐도 돈에 대한 진솔한 설명은 보이지 않는다.

그러나 지역경제가 돌아가는 이치를 정확히 이해하고, 불황과 위기에 몰린 지역경제를 되살리기 위해서는 돈의 기본 지식이 반드시 필요하다.

돈의 기본 지식을 습득하게 되면 '이자 붙는' 돈만을 절대시하는 사고와 철학에서 벗어나, 돈의 문제점을 개혁, 개선할 수도 있다는 인식이 가능해지고, 지역화폐의 본질을 이해하고, 지역화폐(제2장의 8. '상품권 대여 시스템' 참조)라는 창조적 수단으로 지역경제를 살릴 수 있다는 '진실'을 깨닫게 될 것이다.

돈은 이자가 붙어야 만들어진다. 노동자들이 받는 월급이나 보너스는 이자가 붙지 않는 돈이다. 하지만 누군가 이자를 내고 대출을 받은 돈의 일부일 것이다. 세상의 어떤 돈도, 아니 당신의 지갑에 들어 있는 돈도 당신이 이자를 내지 않으면 다른 누군가가 이자를 내고 있을 것이다.

지역경제에서 '이자를 부담 않는' 돈의 유통량이 많을수록 지역경제의 생산성과 효율을 높이지만. '이자를 부담하는' 돈의 유통량이 많아도 그 돈이 지역에서 잘 순환하면 문제될 것은 없다. 하지만 지역에서 만들어진 돈(대출)이 외부(서울)로 유출되면 바로 문제가 생긴다. 이자는 지역경제가 부담해야 하기 때문이다. 국가경제 관점에서 보면 그 돈이 서울에서 유통되든, 부산이나 대구에서 아니 광주에서 유통되든 문제될 것은 없다.

하지만 지역경제 관점에서 보면, 외부로 유출된 돈만큼 지역에서 유통되는 돈은 줄어들 것이다. 그러면 거래와 소비는 감소하고, 불황은 불가피해진다. 그 피해는 자영업, 전통시장의 매출 감소와 부채 증가로 이어질 것이며, 지역경제가 지불해야 할 이자는 기하급수적으로 폭증할 것이다.

그래서 지역경제는 항상 돈이 고갈되고 거래와 소비는 감소하고 만성불황에 허덕일 수밖에 없는 구조다.

돈(국가화폐)의 본질을 명확히 이해하고, 돈의 구조적 모순을 깨닫게 되면, 왜 돈은 결핍되고 왜 돈은 순환하지 않는지 그 원인을 꿰뚫을 수 있을 것이며, 보다 빠르고 용이하게 지역경제를 살릴 수 있는 지혜와 해법을 찾을 수 있을 것이다.

목차

제2장 지역경제 어떻게 살릴 것인가?

제1장

지역경제가 항상 어렵고 불황이 계속되는 이유?

집은 커졌지만 가족은 작아지고
편리함은 늘었지만 시간은 줄어들고
학벌은 높아졌지만 감각은 무뎌지고
아는 것은 많아졌지만 판단은 흐려지고
전문가는 많아졌지만 문제는 늘어나고
의약품은 늘었지만 건강은 약해지고
달까지 갔다 왔지만 길 건너 새 이웃을 만나러 가기는 어렵고
더 많은 컴퓨터에 그 어느 때보다 많은 정보를 저장하지만
실제 소통은 줄어들고
양은 넘치지만 질은 떨어지고
패스트푸드를 먹지만 소화는 느려지고
키는 커졌지만 개성은 줄어들고
수익은 늘었지만 인간관계는 줄어들고
쇼윈도 안은 가득 찼지만 방 안에는 아무것도 없는 시대

-무명씨의 노래-

1

'합리적' 소비와 '윤리적' 소비

'합리적 소비'를 통해 지역의 '소비시장'이 잘게 쪼개져 팔려 나가고 있다. 그렇다고 유통자본에 대한 증오로 에너지를 낭비하지 말자. 그들 자리로 가면 우리도 같은 역할을 하게 될 것이다. '합리적 소비'는 아무리 선한 의도를 가졌더라도, 좋든 싫든 지역의 소비시장을 헐값에 팔아치우는, 아니 지역경제를 파괴하는 공범이 되도록 강요하고 있다. 합리적 소비가 지역경제를 합리적으로 죽이고 있는 것이다.

부의 축적이 사회적으로 덜 중요해지면 도덕률에 엄청난 변화가 생길 것이다. 가장 혐오스러운 인간의 자질을 최고의 미덕으로 칭송하게 만들면서 2백 년간 우리를 짓눌러온 수많은 가짜 도덕률로부터 우리는 자유로워질 것이다.

-존 메이나드 케인스-

'인간은 소비한다. 고로 존재한다.' 현대 사회에서 소비는 곧 언어이다. 무엇을 소비하느냐에 따라 그 사람의 취향과 계급이 그대로 드러난다. 어떤 물건이 꼭 필요해서 소비하지 않는다. 자기 자신을 보여주기 위해서 소비한다. 상품은 효용이 아니라 자신의 권위와 성공을 드러내는 일종의 기호다. 현대 소비사회의 현상을 명쾌하게 지적한 프랑스 사회학자 '장 보드리아르'가 한 말이다.

'진화소비자심리학' 전문가인 '캐드 사드'는 매우 흥미로운 주장을 내놓았다. 스포츠카는 남성들에게 수컷 공작의 꼬리와 같은 기능을 한다. 공작 꼬리는 수컷의 유전적 자질을 드러내는 표현이다. 남자들은 여자에게 사회적 지위를 드러내기 위해 비싼 차를 몬다. 여자를 유혹하기 위해 고급 차를 산다. '과시적 소비'란 선택받기 위한 인간의 생존전략이다. 필요해서 소비하든, 보여 주기 위해서 소비하든, 우리 인간은 소비를 해야만 생존이 가능하다.

과거의 자본주의는 무엇을 어떻게 얼마나 많이 '생산'하느냐가 중요했지만 현대 자본주의는 무엇을 얼마나 많이 '소비'하게 할 것인가가 더 중요해졌다. 자본주의가 이렇게 진화하게 된 것은 인간의 무한한 욕망 때문이다. 인간의 욕망은 소비 형태로 나타나며 소비가 자본주의를 움직이는 원동력이 되었다.

'인간은 합리적으로 자기 이익의 극대화를 추구한다.'라는 것은 경제학의 기본 가정이다. 소비자는 합리적 구매를 위해 항상 가격을 비교하고 품질과 유통기간까지 꼼꼼히 챙긴다. 우리는 시장경제의 시스템 속에서 합리를 기준으로 사고하고 평가하고 선택하는 것을 당연한 것으로 알고 배웠다.

그러나 소비자의 합리적인 선택과 결정이 결과적으로 인간의 건강을 해치고 환경을 파괴하고, 인간의 삶의 질을 떨어뜨리고, 지역경제를 끝없는 불황으로 내몬다면 인간은 '합리적 소비'를 극복하고 '윤리적 소비'를 지양해야 하지 않겠는가?

미국의 유명 잡지 『라이프(Life)』 1996년 6월 호는 파키스탄의 12살 소년인 타리크가 집 바닥에 쭈그리고 앉아 나이키(Nike) 축구공을 꿰

매고 있는 사진 한 장을 실었다. 하루 임금은 고작 60센트에 불과했다. 이 사진이 실린 얼마 후 업계 1위를 달리던 나이키의 매출이 감소하기 시작했다.

하늘 높은 줄 모르던 나이키의 콧대를 꺾어 놓은 것은 '나이키의 어린이 노동 착취'를 고발한 한 장의 사진 때문이었으며, 소비자의 분노는 보이콧으로 이어졌다.

나이키의 보이콧 운동을 주도한 미국의 '글로벌 익스첸지'라는 인권단체는 소비자들의 행동만이 나이키를 근본적으로 바꿀 수 있다며 소비자들을 설득했다. 결국 소비자들의 끈질긴 나이키 보이콧 운동으로 1964년 이래 최대 위기에 처한 나이키는 사장이 직접 나서 대대적인 경영 수습대책을 발표하기에 이르렀다.

거대한 다국적 기업인 나이키를 굴복시킨 것은 '윤리적 가치'를 기반으로 한 소비자 운동의 위대한 승리였다.

'윤리적 소비'란 상품이나 서비스를 구입할 때, 윤리적 가치에 따라 의식적으로 선택을 하는 것으로 친환경 소비, 공정무역, 로컬푸드 구매, 지역 상점 이용하기 등을 말한다. 윤리적 소비는 생산과 유통, 처리와 재생에 이르기까지 사회에 미치는 영향을 고려해 이에 대해 배려하는 마음을 갖는 것에서부터 출발한다.

가격과 품질도 중요하지만 생산과정에서 오염 물질 배출이나 노동자의 인권이 훼손됐는지, 임금 착취가 일어났는지, 지역경제를 해치는지를 매우 중요시하는 것이다. 소비자들은 인간의 건강과 환경을 해치는 '비윤리적' 상품에 대해 돈을 지불하는 것을 거부하고 '윤리적' 상품 구매에 기꺼이 지갑을 연다.

윤리적 소비라고 해서 다른 사람과 환경, 동물, 지역 상점을 배려한다고 해서 소비자에게 일방적으로 희생을 강요하는 것은 아니다. 사회에도 착하고 나에게도 착하다. 소비가 자선이 아닌 이상 착하기만 하다고 무슨 소용이 있을까? 단순히 어떤 품목을 고르고, 지역 상점에서 구매하는 것만으로 사회에 영향을 미칠 수 있을지 회의적일 수 있다.

그동안 먹던 우유를 유기농으로 바꾼다고 해서, 대형슈퍼에서의 구매를 동네슈퍼로 바꾼다고 해서 내 생활에 큰 변화가 생기는 것은 아니다. 하지만 생각을 바꿔 보면 그만큼 별다른 노력이 들지 않는 일이기에 윤리적 소비에 편히 접근할 수도 있는 것이다.

어떻든 '합리적' 소비는 이미 빠듯하게 살아가는 현대인들에게 삶의 일부가 되어 버린 것이다. 하지만 가격과 품질, 편리함을 의식하는 '합리적 소비'만을 추구하는 한, 불황의 늪에 빠진 자영업, 전통시장을 되살릴 수 없으며, 그들의 삶의 질을 높이기도 어렵다.

합리적 소비는 '불편한' 전통시장이나 자영업에서보다는 대부분 '편리하고 안락한' 대형 유통점에서 이루어진다. 사시사철 춥지도 덥지도 않는 쾌적한 환경을 제공하는 것은 물론 밝은 조명에 기분까지 좋아진다. 모든 물건이 가지런히 정렬되어 있고 냉동, 냉장 아니 주차장까지 완벽하다.

특히 다양한 식품들이 갖춰져 있어 시간이 부족한 맞벌이 부부에게는 주말마다 한꺼번에 필요 양을 구매할 수 있어 더없이 편리하다. 그러나 이러한 편리함과 안락함은, 엄청난 에너지 낭비의 대가로 얻어지는 것이다. 소비자들의 '합리적' 소비가 에너지 낭비를 더욱 부채질하고 있는 셈이다.

편리함과 안락함을 추구하는 '합리적 소비'가 단순이 에너지 낭비를 넘어 지역경제에 엄청난 해악을 끼치고 있다. 소비자들이 의도하지 않지만, '합리적 소비'가 대형 유통자본을 한없이 살찌우고, 자영업, 전통시장 등 풀뿌리경제를 벼랑 끝으로 내몰고 있다.

지역 소비시장은 대형 유통자본에 의해 완전히 독점되면서 대형 유통점들의 폭풍 성장과 매출액 신장은, 자영업자들의 매출을 약탈해 간 것이며, 빼앗긴 매출에는 자영업자들의 피눈물이 고여 있다.

자원이 한정되고 자본과 기술이 열약한 지역경제에서 '소비'보다 더 소중한 자원은 없다. 그러나 지역 관료나 정치인들은 '소비' 자원의 중요성을 깨닫기는커녕 아예 관심조차 없다. 지역의 관료와 정치인들은 '소비 도시'를 매우 부끄럽게 생각하며 '생산 도시'를 갈망한다.

성장제일주의 환상에 빠져 있는 지역의 관료와 정치인들은 '생산'만이 모든 것을 해결해 줄 수 있다고 굳게 믿고 있다. 하지만 경제학자들은 현대 자본주의 경제를 견인하는 동력은 '소비'라고 말하지 않는가?

지역경제 시각에서 보면. '소비'는 갓 태어난 아기에서부터 노인에 이르기까지 지역공동체 구성원들 모두가 일상생활을 하면서 끊임없이 만들어 내는 무한자원이며, 자영업자, 전통시장 등 풀뿌리 주체들의 생활 안정과 지속적인 소득 원천을 제공하는 지역의 공동 자산이며 자원이다.

하지만, '소비' 자원이 지역 상점을 외면하고 대형 유통자본을 위한 성장의 에너지로만 작동되고 있다. 편리하고 쾌적한 대형 유통점으로만 몰려가는 소비자들은 이미 몸에 밴 '합리적 소비'를 통해 지역의 '소비시장'이 잘게 쪼개져 팔려 나가고 있다. 그렇다고 유통자본에 대한 증오로 에너지를 낭비하지 말자. 그들 자리로 가면 우리도 같은 역할을 하게 될 것이다.

'합리적 소비'는 아무리 선한 의도를 가졌더라도, 좋든 싫든 지역의 소비시장을 헐값에 팔아치우는, 아니 지역경제를 파괴하는 일에 공범이 되도록 강요한다. 합리적 소비가 지역경제를 합리적으로 죽이고 있는 것은 아닐까?

대구백화점이 금년(2021년) 7월에 문을 닫았다. 그동안 대구 발전의 상징이었는데, 충격이다. 1969년 문을 연 지 52년 만에 폐점한 것이다. 만성적자에 시달리다 참담한 최후를 맞은 것이다. 누군가는 2016년 신세계백화점의 대구 입점으로 대구백화점이 결정적으로 더욱 어려워졌다고 말한다.

하지만 그것은 핑계일 뿐, 맹목적으로 '합리적 소비'를 추구하는 소비자들이 대구백화점을 죽인 공범이 아닌가?

한 경제 안에 있는 소비가 외부로 유출되지 않고 지역 내에서 이루어지기만 한다면 소비가 소비를 낳고 재생산된 소비가 수익을 낳고, 수익이 다시 소비를 낳으며 소비시장을 기하급수적으로 키울 것이다. 우리가 캐낸 지하자원은 사용할수록 줄어들지만 '소비' 자원은 사용할수록 더욱 불어난다. 아무리 죽어 가는 지역경제도 '소비' 자원을 충분히 활용하면 단숨에 지역경제를 되살릴 수 있을 것이다.

좀 더 구체적 예를 들어 설명해 보자. 만약 지역 시민 모두가 필요한 물품 80%를 지역 상점인 자영업에서 구입하고 20%는 외부(백화점, 대형 할인점, 온라인 쇼핑몰, 편의점 등)에서 구입한다고 가정하자.

내가 10만 원을 물품 구입에 돈을 쓴다고 하면, 이 중 8만 원은 지역에 남고 2만 원은 외부로 빠져나간다. 마찬가지로 8만 원을 받은 사람은 6만 4천 원은 지역 상점에서 물품 구입하는 데 사용하고, 다시 6만 4천 원은 5만 1천 200원이 되어 지역 내에서 사용된다. 이런 식으로 돈이 계속 사용된다면 10만 원은 50만 원이 되어 지역을 순환하게 된다.

만약 반대로 20%만이 지역에서 물품을 구입하는 데 사용한다면 10만 원은 최종적으로 12만 5천 원밖에 되지 못한다.

지역 시민 모두가 80%를 지역 상점에서 물품을 구입한다면 지역의 소비시장 규모가 5배 이상 커질 수 있으며, 50%를 지역 상점인 자영업에서 구입해도 시장 규모는 2배 이상 커질 수도 있다는 의미다.

지역의 소비시장이 2배 이상만 커져도 지역경제는 팡팡 돌아갈 수 있으며 오뚝이처럼 바로 일어설 수 있다. 자영업자 등 풀뿌리경제는 어엿한 사업자이면서 구매력이 탄탄한 소비자가 되어 소비시장을 더욱 확대하며 지역경제를 힘차게 견인할 것이다.

'윤리적 소비'를 기반으로 모두가 지역경제 살리기에 동참한다면 반드시 성공할 수 있음을 입증하고 있지 않는가?

'윤리적 소비'는 이제 인간의 건강과 지구의 환경을 지키는 도구를 넘어 지역의 사회적, 경제적 약자를 보호하고, 서민들의 삶을 보살피며 지역경제를 지키는 도구가 될 수 있다는 것이 분명하지 않는가. '참된 경제학은 최상의 윤리 기준과 갈등하지 않는다.'라는 인도 간디의 말을 떠올리게 한다.

경제학적으로 보면 사람들의 윤리와 도덕심은 매우 귀중한 자원이 될 수 있다. 최근 자주 사용되는 사회적 자본이라는 용어는 윤리와 도덕심의 경제적, 사회적 유용성을 부각시킨 개념이라고 할 수 있다.

지역에 소재하고 있는 대형 유통자본들은 그 지역의 땅 위에 최신식 건물을 뽐내고 영업을 하고 있지만, 그 건물의 화려한 내부는 서울 영토다. 그 지역 소비자들이 대형 유통점에서 쇼핑하는 것은, 결국 서울 가서 쇼핑하는 행위와 다를 것이 없다.

좀 더 정확하게 이야기하면, 대형 유통점에서의 구매행위는 돈은 물론 소비시장을 동시에 유출시키는 것이다. 대형 유통점에서 지출되는 돈만큼 지역의 '소비시장'이 축소되고, 아니 우리 아이들의 '미래의' 소비시장까지 팔아먹는 행위이다. 지역의 관료와 정치인들이 돈 유출의 실상을 정확히 이해하는 것이 무엇보다 중요하다.

지역경제 시각에서 보면, 대형 유통점에서 낭비되고 있는 돈은 단순한 돈이 아니다. 지역 주민 누군가가 꼭 필요해서 어렵게 만든 돈(대출)이며, 아니면 지역 주민 누군가가 땀 흘린 노동의 대가로 받은 임금이다. 이렇게 소중한 돈이 외부 유출 없이 지역에서 온전히 순환하게 되면 풀뿌리경제는 당장 생기를 되찾고, 지역경제는 빠르게 회복될 것이다. 그것이 진정한 '윤리적 소비'의 가치가 아니겠는가?

거대한 다국적 기업인 나이키를 굴복시킨 것은 어린이 노동착취를 반대한 '윤리적 소비'의 가치도 중요했지만 소비자들의 결집된 집단 행동과 협동심이 아니었으면 나이키 보이콧 운동은 성공하지 못했을 것이다.

약탈적인 대형 유통자본에 대항하는 데에는 윤리적 소비를 기반한 '지역 상점 이용하기'보다 더 강력한 비대칭 무기는 없으며, 이는 중앙 정부에 의존하지 않고, 막대한 예산을 투입하지 않고도, 지역공동체 스스로 힘으로 지역 경제를 살릴 수 있는 무기가 될 수 있을 것이다.

지금은 소비자 주권 시대다. 누구든 돈 주고 정당한 제품과 서비스를 받는 것은 당연하다. 자신이 사용할 제품을 선택하는 기준에 평소 자신이 생각한 사회적 가치를 담는다면 소비는 당당한 사회적 표현이 될 수 있다.

다시 말해 우리는 쇼핑을 할 때마다 투표를 하는 것처럼 생각할 수 있다. 전기 승용차를 사는 것은 기후변화에 대한 투표 행위이며. 유기농 식품을 사는 것은 지속가능한 환경을 위한 투표 행위이며, 지역 상점을 이용하는 것은 지역경제를 살리기 위한 투표 행위가 된다. 소비자가 시장을 통해 사회를 바꿀 수 있다는 것이다.

'윤리적 소비'를 기반으로 '지역 상점 이용하기'에 보다 적극적으로 참여하면 그것이 바로 '전략적 쇼핑'이며, 시민들의 공감과 이해를 넓힘으로서 소비자들의 쇼핑 의식과 태도를 바꾸어 나갈 수 있다. 이는 맹목적인 합리성의 속박에서 벗어날 수 있어야 가능하다.

'전략적 쇼핑'은 '지역경제 살리기'를 염두에 두면서 점진적으로 대형 유통점의 구매를 줄여 나가는 것이다. 조금 불편하거나 가격이 다소 차이가 있어도, 전통시장이나 동네상가 등 자영업자들의 구매를 늘여 나간다.

일본이나 유럽에서는 아직도 '그 사람들도 같이 먹고살아야지.'라는 사고와 '같은 값이면 자영업자 물건을 사 주는' 일종의 경제적 관습이 공동체 문화로 자리 잡고 있다.

소비자의 '전략적 쇼핑'은, 자영업을 살리기 위한 생산적 소비 행위이며, 지역경제 살리기 운동이며, 부의 양극화 해소를 위한 사회 참여 운동이다.

국가 경제는 '파이'를 키우는 것이 최고의 목표지만, 지방경제는 '파이'를 나누는 것이 최선의 전략이 되어야 하며, 이를 위해서는 대형 유통자본의 독식과 독점으로부터 '소비시장'을 해방시키는 것이 무엇보다 중요하다.

오늘날의 경제학은 인간의 합리성에 너무 집착한 결과 '윤리적 소비'를 무시하는 경향이 심각하다. 하지만 윤리적 소비를 무시하고 외면하는 한 인간의 건강과 기후위기는 물론 지역경제의 회생은 불가능할 것이다.

'윤리적 소비'를 기반한 전략적 쇼핑은 지역경제를 살리기 위한 지역공동체가 선택할 수 있는 가장 유용한 수단이며, 지역의 핵심 자산인 소비시장을 되찾아 자영업, 전통시장 등 풀뿌리경제에 되돌려 줄 수 있을 것이다.

2

지역경제를 통째로 맡길 것인가?

닿는 것마다 자원을 서울로 약탈하는 국가화폐는 미다스의 손인가? 배신의 손인가? 국가화폐의 배신으로 지역에는 차갑게 식은 돈의 시체, 빚만 쌓이고 있다.

더 치명적인 것은 '이자'를 지역에 떠넘기고 유출되는 돈(원금)이다. 지역경제의 이자 부담이 커질수록 상거래와 소비는 위축되고, 경쟁은 격화되고, 누군가는 수없이 망해야 한다. 지역에서 '순환'하기를 거부하는 국가화폐에게 지역경제를 통째로 맡길 수 없지 않는가.

또한 잊지 말아야 할 것은 참된 공동체는 공동의 부, 공동의 공간, 자원, 경제라는 사실이다. 공동체는 구성원들의 현실적 필요뿐 아니라 사회적 영적 필요를 채워 주고, 무엇보다 서로에 대한 필요를 채워 준다. 정치권력이 부의 편에 선 지금 현실에 대한 답은 공동체와 경제를 다시 일치시키는 것이다.

-웬델 베리-

한 가지 분명한 것은, 돈이 끊임없는 선순환을 통해, 부자와 가난한 사람, 도시와 농촌, 서울과 지방 등 그 격차를 좁히고 해소하는 도구가 되어야 하지만 도리어 격차를 키우고 확대 재생산하는 도구로 전락했다. 돈이 본래의 역할을 잃어버렸다. 이익이 이익을 낳고 격차가 격차를 키우는 도구로 변질된 '이자 기반' 국가화폐로 과연 지역경제를 살릴 수 있을까?

닿는 것마다 자원을 서울로 유출시키는 국가화폐는 미다스의 손인가? 배신의 손인가? 국가화폐의 배신으로 지역에는 차갑게 식은 돈의 시체, 빚만 쌓이고 있다. 더 치명적인 것은 '이자'를 지역에 떠넘기고 유출되는 돈(원금)이다. 지역경제의 이자 부담이 커질수록 상거래와 소비는 위축되고, 경쟁은 격화되고, 누군가는 수없이 망해야 한다. 지역에서 '순환'하기를 거부하는 국가화폐에게 지역경제를 통째로 맡길 수 없지 않는가.

돈의 서울 유출은 지역경제를 피폐화시키는 결정적 요인으로 작동하고 있다. 그럼에도 돈의 유출은 국가의 책임이라며, 지방정부는 강 건너 불구경 하듯 뒷짐만 지고 있으니 답답할 노릇이다. 교육, 의료, 문화예술 등 모든 자원과 인재가 서울로 몰리면서 지역경제는 빈곤과 청년실업, 소득격차, 양극화를 더욱 심화시키고 있다.

모든 격차와 양극화, 불평등 해소야말로 지역경제가 해결하기 어려운 난제 중의 난제임에도 불구하고 너무 과소평가하는 것인지 모른다.

교육 격차든, 문화 격차든, 양극화든, 불평등이든 모든 문제의 뿌리는 돈에 있다. 오늘날의 돈은 성장을 기반으로 한다. 그래서 지금처럼 성장이 둔화되면 금융시스템 자체가 흔들리기 시작하고 불황이 오고 위기가 닥친다. 성장 원료가 풍부한 고도 성장기에는 경제가 잘 돌아갔지만, 연료가 고갈되는 저성장기에 들어서면서 경제는 더욱 어려워지고 있다. 즉 자원이 고갈될수록 성장률이 떨어지고, 성장률이 이자율보다 낮아지면, 불황과 경제 위기는 불가피하다는 것은 자명한 이치가 아닌가?

자연과 자원을 고갈시켜야 유지되는 이자 기반의 금융시스템이 갈수록 한계를 드러내고 있음이 분명하다. 자원이 극히 제한적인, 아니 인구마저 감소하고 있는 지역경제에서 이자 기반의 시스템이 계속 작동할 수 있을 것인가? 끊임없이 돈을 서울로 유출시키는, 이런 시스템 아래에서 자영업, 전통시장 등 풀뿌리경제는 생존이 가능할 것인가?

이자 기반의 경제는 기본적으로 성장의 경제이며, 성장의 동력은 경쟁이다. 상대방을 인정하고 선의의 공정한 경쟁이 되어야 하지만, 현실에서의 경쟁은 상대방을 짓밟고 쓰러뜨리기 위해서 온갖 수단을 동원하는 아귀다툼이요, 이긴 사람이 진 사람의 것을 몽땅 차지하는 승자독식 경쟁이다. 이자 기반의 빚 시스템에 내재된 끝없는 성장과 탐욕에 대한 강박이 아귀다툼의 경쟁을 촉발시키고 있다.

돈의 서울 유출보다 더 무서운 것이 있다. 그것은 소수의 다수 착취다. 다시 말해 승자독식이다. 극소수의 대형 유통자본이 지역경제의 기둥인 자영업, 전통시장의 매출을 노략질해 폭풍 성장을 하고 있으며, 자영업 전통시장 등 풀뿌리경제는 매출은 줄고 빚은 폭증하면서 빈곤층으로 추락하고 있다. 그 중심에는 이자가 붙는 화폐시스템이 있다. 바로 이 시스템이 소수가 다수를 착취하는 도구가 되고 있다.

힘센 사람이 지배하는 스포츠 세계에서도 체급에 따라 공정히 경쟁을 시키지만, 지역의 '시장'에는 체급이고 뭐고 없다. 그저 힘센 유통자본이 모든 걸 차지하는 승자독식이 판을 치고 있다. 이자 기반의 시스템만이 작동하는 사회에서 과연 풀뿌리경제가 살아남을 수 있을까?

그래도 아직은 한 가닥 희망은 있다. 이자 없는 지역화폐(제2장의 8. '상품권 대여' 참조)가 창출되면 유통자본을 강압적으로 문을 닫게 하지 않고도, 무리하게 휴업을 강요하지 않고도, 무리하게 벌금을 물리지 않고도 기회는 균등해지고, 서로 공정하게 경쟁하는, 지역경제의 경제적 정의가 실현될 수 있을 것이다.

근본적인 혁신과 개혁이 필요하다. 중앙정부와 달리 지방정부는 돈을 찍어 낼 권한도 방법도 없지만, 새로운 종류의 돈, 쌓아 두지 않고, 소유하지 않고, 교환수단으로만 사용할 수 있는 '지역화폐'는 언제든 찍어 낼 수 있지 않겠는가? 지역화폐는 '돈이 돈을 버는 경제'가 아니라 '사람이 돈을 버는' 경제를 구현한다.

돈의 권력은 '이자'에서 나온다. 이자는 구조적으로 경쟁, 양극화, 빈곤을 낳는다. 국가화폐에서 '이자'를 제거한 것이 지역화폐다. '돈이 돈을 버는' 이자 붙는 국가화폐는 경쟁과 양극화, 불평등, 빈곤을 낳지만, '사람이 돈을 버는' 경제를 구현하는 이자 없는 지역화폐는 정반대로 협력과 상생, 공존, 풍요를 장려한다.

그러나 아무리 지역경제가 중요하다고 해도, 그동안 인류 기술 문명을 이끌어 온 돈의 '축적기능(이자)'을 무조건 제거할 수는 없는 것 아닌가. 국가화폐를 통째로 바꾸는 혁명이 아니라, 국가화폐의 문제점을 깨닫고, 국가화폐를 보완하는 창조적 혁신을 하자는 얘기다.

다시 말해 경쟁 대신 협력, 탐욕 대신 상생, 양극화 대신 공존, 성장 대신 지속가능성을 가져올 새로운 종류의 돈, 지역화폐를 창출하자는 것이다. 지금이야말로 지역경제를 살리기 위해 돈(지역화폐)이라는 수단을 활용할 좋은 기회를 맞이하고 있는지 모른다.

환경 오염을 줄이고 석유 자원을 절약하기 위해 개발된, 엔진과 모터의 두 기능으로 작동하는 친환경 '하이브리드 자동차'처럼 국가화폐와 지역화폐의 두 시스템이 함께 작동하는 친인간 '하이브리드 화폐시스템'을 구축하자는 것이다.

자본주의 사회는 매우 역동적이며, 불확실성이 증폭되는 사회다. 치열한 경쟁 속에 망하는 기업과 흥하는 기업이 수시로 바뀐다. 정년은커녕 언제 짤릴지 아무도 모른다. 요새는 자식이나 친척들 모두 제 앞가림하기도 바쁘다. 그래서 노인들은 죽을 때까지 돈을 쥐고 있어야 한다고 말한다.

그러나 통장에 모아 둔 돈 때문에 누군가에게 살해당하기도 하고, 그 돈 때문에 자녀들 사이 불화와 분쟁이 생겨, 결국 인간적인 간호조차 못 받는 경우가 허다하다. 돈을 무덤까지 가지고 갈 수는 없는 일이 아닌가.

미래가 불안한 만큼, 남을 믿을 수 없을 만큼 돈이 필요할지 모르지만 그럴수록 인간관계가 더욱 중요해진다. 서로 신뢰하는 인간관계를 만들어 가는 데 돈이 꼭 필요한 것은 아닐 것이다. 경쟁을 강요하고, 상대방의 이익이 나의 손해이고, 상대방의 행복이 나의 행복에 불리해질 수 있는 돈, '이자가 붙는' 화폐시스템으로 어떻게 좋은 인간관계를 가질 수 있겠는가?

우리는 굳이 서로를 필요로 하지 않는다. 돈만 있으면 이웃이나 친구의 도움 없이도, 심지어 가족의 도움 없이도 살 수 있다고 생각하기 때문이다. 공동체가 결핍된 것은 모든 필요를 돈으로 해결하기 때문이다. 하지만, 이웃 사랑, 친밀감, 유대감, 신뢰, 진정한 소통은 돈으로 살 수 없는 일. 우리는 누구나 정상이라고 여기는 수준보다 훨씬 더 강한 친밀감을 원한다. 친밀감에 굶주린 우리는 TV, 쇼핑, 과잉소비 등 가까운 대체물로부터 위안을 받고 살아간다.

온갖 매체에 둘러싸여 있지만 진정한 소통은 부족하고, 오락거리는 사방에 널려 있지만 놀 기회는 부족하다. 우리는 지나치게 크고 편리한 아파트에 살지만 화목하고 인간적인 공간은 부족하다. 아무리 애써도 공동체를 이루기 힘든 것도 당연하다. 우리는 공동체 결핍 속에 단절, 소외, 외로움으로 고통을 받고 살아간다.

우리는 뭐든 돈으로 살 수 있다고 생각하지만 유대감, 친밀감, 진정한 소통을 어떻게 돈으로 살 수 있겠는가. 오직 함께 쌓아 올린 진정한 공동체를 통해서만 얻을 수 있다. 섹스는 살 수 있어도 사랑은 살 수 없고, 칼로리는 살 수 있어도 진짜 영양분은 살 수 없듯이, 지금 우리는 돈으로 살 수 있는 것은 넘치고, 돈으로 살 수 없는 것에는 굶주려 있다.

'어떤 삶의 질을 원하는가?'라는 관점에서 볼 때, 우리가 국가경제보다 지역경제를 중요시하는 이유는 경제 논리가 아니다. 가장 큰 이유는 공동체에 대한 갈망 때문이다. 튼튼한 공동체는 지역의 사회적 관계와 경제적 관계를 하나로 묶어 낸다. 다시 말해 우리 부모와 형제, 친인척, 친구, 학교 동문 등 아는 사람끼리 서로 의존하고 협력하며 사는 것이다.

끝없는 경쟁과 탐욕, 양극화을 부르는 '이자가 붙는' 화폐시스템으로 어떻게 진정한 소통과 협력을 이끌어 낼 수 있겠는가.

경쟁을 강요하고 승패를 구별케 하며 누군가의 행복이 누군가의 불행일 수 있는 이자기반 화폐시스템에서는 더불어 함께 사는 공동체를 만들어 가기 어렵다. 뿐만 아니라 실업자, 노약자, 빈곤층 등 경제적 약자들에게도 돈이 돌아갈 수 있어야 생계의 압박에서 벗어나 자신의 재능을 발휘할 수 있다. 돈을 필요로 하는 사람에게 돈이 돌아가는 지역화폐시스템이 필요한 이유다.

그들이 돈 벌 능력이 부족한 것은 분명하지만, 지역화폐를 사용함으로서 '소비'를 통해 일자리를 만들고, 자기고용을 실현할 수도 있다. 경제적 약자들의 소비성향은 부자들에 비해 현저히 높다.

자원이 부족한 지역경제의 잠재력이 최대한 발휘되고, 지속가능한 사회를 만들어 가기 위해서는 약자든 강자든 모두가 경제 활동에 참여할 수 있어야 하고, 이를 위해 '이자가 붙지 않는' 지역화폐시스템이 반드시 필요하다.

지역의 관료와 정치인들이 착각하는 것이 하나 있다. 그들은 대기업을 유치하고, 대형쇼핑몰을 건설하는 등 대형자본을 유치해야 지역경제를 살릴 수 있다고 주장한다. 돈이 돈을 버는 '이자기반' 경제시스템만이 작동하는 사회에서는 당연한 논리이고 합리적 주장일 수 있다. 하지만 그 시스템이 추구한 결과 우리 눈앞에 펼쳐진 세상을 보라.

도시의 번화가마다, 아니 골목골목까지 깊숙이 침투한 야만의 포식자들, 대형 유통자본이 지역경제의 '부'와 '종잣돈'을 모조리 집어삼키고 있지 않는가? 약육강식의 아사리 판에 자영업, 전통시장이 무슨 재주로 살아남을 수 있겠는가?

지금의 이자 기반의 시스템에서는 돈이 만들어지는 과정 자체가 구조적으로 결핍을 유지함으로 모두가 풍족하게 사는 것은 수학적으로 불가능하다. 즉 누군가 부자가 되면 누군가는 가난해질 수밖에 없다. 실제로 내가 이익을 보면 누군가 손해를 보게 돼 있지 않는가?

인간은 끊임없이 삶을 영위하기 위해 항상 정당한 성과를 얻어야 한다. 다시 말해, 능력이 있든 없든, 운이 있든 없든, 땀 흘리고 고생하면 누구나 정당한 성과를 얻어야 한다. 그것이 우리가 바라는 세상이 아닌가. 그런 사회를 위해서는 영적 지도자들의 말처럼 종교의 힘이나 도덕과 윤리 교육을 통해 의식과 태도를 바꾸면 되는 것이 아니라. 변화된 의식과 태도를 구현할 수 있는 새로운 시스템을 창조하는 것이다.

국가화폐시스템과 지역화폐시스템이 함께 작동하는 역동적인 '하이브리드 화폐시스템'을 구축하자. 이 시스템이 원활히 작동하면, 얼음처럼 차갑고 냉혹한 자본주의 경제를 따뜻하고 부드럽게 주물러 놓을 것이다. 아니 친인간적 지역경제를 구현할 수 있을 것이다. 지역경제에서 가장 소중한 가치는 소득 그 차체가 아니라 삶의 질이며, 각자의 행복이다.

더 이상 지역경제를 국가화폐에게 통째로 맡길 수 없지 않는가?

3

인질이 될 것인가?
매슴처럼 부릴 것인가?

국가화폐는 도무지 믿을 수 없는 돈이다. 처음 태어난 곳과 거쳐 온 사람들의 흔적은커녕 언제, 어디로 튈지, 서울 강남의 부동산 시장으로 튈지, 뉴욕 월스트리트로 튈지, 파리의 샹젤리제 거리로 튈지 도모지 알 수 없는 돈이다. 하지만 지역화폐는 어디서 태어나 누구의 손을 거쳤는지 밝히고 있으며, 수명을 다할 때까지 지역을 지키며 봉사할 것을 맹세한 돈이다.

지역화폐는 인간의 '욕망'을 채울 수 없지만 인간의 '필요'는 채울 수 있는 돈이다.

1685년에 캐나다에서 벌어진 일이다. 당시 프랑스 지배를 받고 있던 캐나다는 본국인 프랑스로부터 '화폐'를 공급받지 못해 큰 어려움을 겪고 있었다. 당시 프랑스는 계속된 전쟁과 왕실의 재정난 등으로 몇 년째 화폐를 보낼 수 없었으며, 캐나다는 심각한 돈의 고갈로 인해 경제는 파탄되고 사람들은 돈이 없어 물건을 구하지 못해 심한 고통을 받고 있었다.

그러나 당시 캐나다를 통치하고 있던 총독은 이 절박한 위기를 방치하지 않고 용기와 발상의 전환을 통해 극복해 냈다. 그의 놀라운 발상은 프랑스 군인들이 오락으로 즐기던 '카드'를 4등분 하여 '화폐'로 사용한 것이다. 그 당시 카드를 쪼개어 돈으로 사용하는 것은 상상하기 어려운 일, 어떻게 종이쪽지에 불과한 카드조각을 돈으로 사용할 수 있느냐며 대부분의 장관들이 반대했다. 하지만 총독은 '모두가 믿으면 가능하다.'라는 논리와 용기 있는 결단으로 카드조각은 돈으로 사용될 수 있었다.

이 '카드조각'은 놀랍게도 무려 65년 동안이나 법정 화폐로 사용되었다.

1932년 세계 대공황 당시, 오스트리아의 작은 도시 뵈르글에도 불황이 몰아쳤다. 공장은 하나둘 폐쇄되고, 실업자는 나날이 증가하고, 세금은 거의 납부되지 않았다. 그러나 노동자 출신 운터구겐베르거가 시장으로 선출되고, 그의 창조적 결단으로 지역화폐(노동증명서)가 발행되었다. 그것은 매월 1%씩 가치가 감소하는 화폐였다. 보유하고 있으면 돈의 가치가 줄어들기 때문에 모두가 서둘러 소비했다. 월 평균 12회의 무서운 속도로 유통되는 지역화폐가 순식간에 뵈르글 경제를 살렸다.

지역화폐의 기적에 감동한 수백 개의 도시에서 동일한 지역화폐 개혁을 시도했지만, 오스트리아 정부는 국가의 화폐발행권을 침해했다는 이유로 모든 지역화폐 발행을 금지했으며, 시장 운터구겐베르거는 국가반역죄로 기소했다. 뵈르글은 다시 불황에 빠지고 말았다.

1990년대 일본 정부는 인프라 건설에 막대한 돈을 쏟아부었다. 1998년에는 국민 한 사람당 3-10만 엔의 상품권을 나눠 주고 6개월 안에 사용하도록 조건을 붙였다. 온갖 노력에도 경제 성장에 불을 붙이는 데 실패했다. 결국 일본은 잃어버린 20년의 세월을 보냈다. 그러나 아베 정부가 들어서자마자 상식을 뛰어넘는 '마이너스 이자' 시스템을 도입, 단숨에 경제를 살리고, 일손이 부족한 세상을 만들었다.

일본뿐만 아니라 스웨덴, 덴마크, 스위스, EU 등 유럽의 각국이 경기부양을 위한 최후의 카드로 '마이너스 금리'를 도입했다. 은행에 예금하면 이자를 받는 것이 아니라 '보관료'를 또박또박 내야 하는 황당한(?) 제도다. 쉽게 말해 돈을 빠르게 순환시키기 위한 방식일 뿐이다.

역사적 사실에서 볼 수 있듯이 어떤 경제 위기도 그 원인은 돈이다. '카드조각 돈'이든, '가치가 감소하는 지역화폐(노동증명서)의 돈'이든, '마이너스 이자 돈'이든, 그것은 돈의 성격을 바꿔서라도 경제를 살리려는 강력한 의지와 행동에서 비롯된 것이다. '이자가 붙는' 돈만이 유일하고 절대적이라고 생각하며 살아온 사람들에게 충격이겠지만.

고대 그리스 시대부터 '돈'은 언제나 합의가 구현된 것이다. 공동체가 합의하면 무엇이든 돈이 될 수 있었다. 옛날에는 조개껍데기. 밀, 가축이 돈으로 사용되었으며, 로마 시대에는 소금이 돈으로 사용되기도 했다. 아니 그 흔한 돌을 돈으로 사용하는 나라도 있다. 남태평양의 야프(Yap) 섬에서는 돌이 돈으로 통용되고 있다. 이 섬은 미국의 신탁통치로 미국 달러도 통용되고 있다. 하지만 돌이 달러보다 더 선호된다. 달러는 변동성이 커서 가치저장 기능을 하지 못하기 때문이라고 한다.

심지어 동유럽에서는 소비에트시스템이 무너진 뒤에는 양담배의 상징인 '말보루' 담배갑이 화폐의 구실을 했다. 의식적이든, 무의식적이든 공동체가 합의하면 카드조각이든, 돌이든, 담배갑이든 무엇이든 돈이 될 수 있다. 즉 돈의 본질은 사회적 '합의'라는 것이다.

뵈르글의 시장, 운터구겐베르거는 실비오 게젤 이론의 신봉자였다. 그의 사상은 '시간이 지나면 물건과 마찬가지로 돈의 가치도 감소해야 한다.'라는 것이다. 그래서 '가치가 감소하는' 돈이 만들어졌고, 사람들은 모두가 서둘러 돈을 사용했으며 거래와 소비는 당장 살아나고 경제는 단숨에 살아났다. 하지만 중앙정부는 국가의 화폐발행권을 침해했다는 이유로 모든 지역의 지역화폐 발행을 금지했다.

그 시절 1930년대에는 지역화폐 발행 금지 등 그럴 수 있었다고 치자. 거의 100년이 지난 지금 세상은 얼마나 발전하고 얼마나 변했는데, 왜 지금은 그런 생각을 하지 못하는 것일까? 돈의 성격을 바꿀 수도, 이자 없는 지역화폐를 발행할 수도 있는데도 말이다. 아니 정부가 지역화폐 발행을 금지하지도 않는데도 말이다. 지금의 돈은 그렇게 절대적이며, 신성한 존재인가? 아니면 지방정부의 용기가 부족해서일까? 아니면 '지역경제 살리기'가 아직은 절박하지 않기 때문일까?

이자 없는 지역화폐('대여 상품권' 참조)는 사람들의 생계를 지원하며 서로 의지할 수 있게 하는 다양한 가능성을 추구하고, 지역공동체의 상생과 공존, 유대감을 장려한다.

현행 이자 기반 화폐시스템은 성장과 경쟁, 탐욕을 강요하며, 빈곤과 실업, 양극화, 불평등을 낳고, 끝 모르는 탐욕이 공동체를 허물고 자연환경을 황폐화시키고 있다. 아니 깨끗한 물, 맑은 공기마저 오염되고 고갈시키고 있다. 그 흔한 물이 돈을 주고 사 먹어야 하는 상품이 되었고 이제 맑은 공기마저 돈을 주고 사 마셔야 하는 상품이 될 날이 멀지 않았다.

자연 생태계와 지역공동체를 파괴하는 주범이 인간의 탐욕이나 자본주의 같은 것들이라고 우리는 생각하기 쉽지만, 더 깊이 파고 들어가 생각해 보면 '진짜' 범인은 이자 기반 돈시스템이 아닌지 모른다.

돈의 권력을 보장하는 것은 이자다. 이자는 인간의 욕망에 불을 지른다. 이자의 인질에서 벗어나야 돈을 순환시키고 경제를 살릴 수 있다는 이념을 바탕으로 한 '마이너스 이자' 시스템이 일본 경제를 살렸다. 은행에 예금하면 이자는커녕 보관료를 내야 하는 비상식적(?) 제도다. 쉽게 말해 돈을 강제로 순환시키는 제도다.

이자 붙는 돈만이 '진짜' 돈이라는 관념과 사고의 인질에서 해방되어야, 머슴처럼 부릴 수 있는 지역화폐가 탄생할 수 있으며, 진정한 지역경제의 변화를 기대할 수 있을 것이다.

경제를 움직이는 것은 돈이다. 경제에서 돈처럼 중요한 것은 없지만, 관료도 정치인, 아니 경제학자들조차 알려고 하지 않으며, 그래서 돈에 관한 지식이 절대 부족하다. 학교에서도 가르치지 않으며, 경제학 교과서를 아무리 뒤져 봐도 각종 그래프와 수학 방정식, 통계 숫자만 나열되었을 뿐 돈에 관한 진솔한 설명은 나와 있지 않다.

그러나 지역경제가 돌아가는 원리를 정확히 깨닫고, 불황과 위기에 내몰린 자영업, 전통시장의 그 원인을 알아내고, 그들을 되살리기 위해서는 돈의 기본 지식이 절대 필요하다.

돈의 기본 지식을 습득하게 되면 '이자 붙는' 돈만을 신성시하고 절대시하는 사고와 철학에서 벗어날 수 있으며, 돈의 문제점을 개혁, 보완할 수도 있다는 인식이 가능해진다. 더 나아가 지역화폐의 본질을 이해하고, 더 중요한 것은 '순환하지 않는 성질'이 돈의 본질적 속성이라는 것을 깨닫게 될 것이다.

세계경제든 국가경제든 경제가 어려워지면, 밥 먹듯이 돈을 찍어낸다. 교환수단(거래)을 위한 돈을 풀어 '소비'를 살리기 위해서다. 하지만 의도와 달리 시간이 지날수록 돈은 투기와 축적수단으로만 몰릴 뿐, 돈은 순환하지 않는다. 순환하지 않으면 돈은 고갈되고 불황은 다시 시작된다. 또 다시 돈을 찍어 내야만 경제가 돌아간다.

하지만 문제는 돈을 찍어 낼수록 빚은 더 빠른 속도로 증가한다는 사실이다. 그래서 돈의 '순환'이 아무리 중요하다고 강조해도 부족하다. 돈이 금과 분리된 20세기 중후반, 다시 말해 1971년 닉슨 대통령이 달러와 금의 분리 선언 이후 기하급수적으로 증가하는 빚이 가져온 참담한 결과, 세계 금융 위기와 경제 위기는 끊임없이 계속되고 있지 않는가?

경제시스템에서 돈은 인간의 몸에 비유하면 혈액과 같은 기능을 한다. 인간의 생명에 필요한 모든 기능이 제대로 작동하기 위해서는 혈액이 끊임없이 순환해야 한다. 사회의 모든 기능이 균형을 유지하고 제대로 작동하기 위해서는 돈이 끊임없이 순환되어야 한다.

'순환하지 않는' 돈이 지역의 경제적, 사회적 재앙이 되고 있다. 돈이 한쪽으로 쏠리면서 부의 집중과 소득 양극화를 낳기 때문이다. 국가는 GDP를 키우는 것이 목표지만 지방정부는 분배를 통한 양극화 해소가 목표가 되어야 한다. 지방정부는 언제든 마음만 먹으면, 머슴처럼 부릴 수 있는 돈, 지역화폐를 발행, 돈을 순환시킬 수 있지 않겠는가, 오스트리아 뵈르글처럼 말이다.

오늘날의 금융원칙은 돈을 불릴 수 있는 사람에게 돈이 돌아가지만, 지역화폐는 돈이 필요한 사람에게 돈이 돌아가는 시스템이다. 부자들은 돈이 생기면 생기는 족족 여전히 저축하겠지만, 서민들은 돈이 생기는 족족 쓰기에 바쁘다. 돈이 당장 쓸 사람에게 돌아가야 돈이 순환하고 소비가 늘어나고 불황을 막을 수 있다.

어느 사회에서든 부자도 가난한 사람도 여전히 존재하지만 가난하다고 해서 지금처럼 극심한 불안 속에 살지는 않을 것이다. 지역화폐는, 돈 구하기 힘든 사람, 돈이 필요한 사람이 보다 쉽게 돈을 손에 쥘 수 있도록 설계된 돈으로, 신용이 부족한 금융 약자들에게 생계 안전망이 되어 줄 수 있기 때문이다.

생계 위협으로부터 벗어나야, 가난한 사람들도 자신의 재능을 발휘하며 이웃들과 베풀고 나누는 공동체적 삶에 적극적으로 동참할 수 있을 것이다.

이자 붙지 않는 돈, 지역화폐는 부자들은 싫어하겠지만, 살 것이 많은 서민들은 많을수록 좋아할 것이 뻔하지 않는가? 손에 쥐자마자 굶주린 야수처럼 바로 사용할 것이고, 돈은 맹렬히 순환할 것이다. 지역경제가 살아나지 않을 재간이 있을까?

국가화폐는 믿을 수 없는 돈이다. 다른 사물과 달리 돈은 처음 생겨난 곳과 거쳐 온 사람들의 흔적은커녕 언제, 어디로 튈지, 서울 강남의 부동산으로 튈지, 뉴욕 월스트리트로 튈지, 파리의 상젤리제 거리로 튈지 도모지 알 수 없는 돈이다. 하지만 지역화폐는 어디서 태어나 누구의 손을 거쳤는지 밝히고 있으며, 수명(사용기간)을 다할 때까지 지역을 지키며 봉사할 것을 맹세한 돈이다.

'이자 없는' 지역화폐의 진정한 가치에 눈을 뜨면, 기존의 낡은 프레임과 패러다임에서 벗어날 수 있으며, 새로운 변화의 출발점이 될 수 있을 것이다. 알 듯하면서 몰랐던 불황과 경제 위기의 원인이 '돈의 결핍'과 '순환하지 않는 돈'에서 비롯됐음을 깨달았다면 이제 망설일 필요가 있을까. 지역화폐는 돈의 순환을 촉진하며, 돈의 결핍을 일거에 해소할 것이다.

그냥 이자 붙는 돈(국가화폐)만이 '진짜' 돈이라고 고집하며 살 것인지, 아니면 '머슴처럼 부릴 수 있는' 지역화폐를 창조적으로 활용하며 살 것인지의 선택은 온전히 지방정부의 창조적 결단에 달려 있다.

4

이자는 지역경제를 훔치는 도둑이다

성경에 의하면 생명 창조는 오직 신만이 할 수 있는 일이다. 그런 관점에서 보면, 돈을 빌려주고 이자를 받는 일, 즉 돈에서 돈을 창조하는 행위는 인간이 신의 영역에 도전하는 것이다. 구약에도 십계명과 함께 '가난한 자에게 돈을 빌려주면 이자를 받지 말라.'라고 쓰여 있다. 그것을 어기고 돈이 돈을 낳는 대금업을 하는 것은 신성모독에 해당하는 엄청난 죄악이었다. 노예를 사고파는 일은 전혀 죄가 되지 않았지만, 대금업으로 이자를 받는 것은 용서할 수 없는 죄악이었다.

연인들은 고리대금업자들처럼 자신들만 생각하며 살아서는 안 된다.
결국은 서로를 향해 있던 시선을 공동체를 향해 돌릴 줄 알아야 한다.

-웬델 베리-

"모든 악의 근원은 돈이 아니라 고리대금."이라는 속담이 있다. 모든 문제의 근원은 돈이 아니라 '이자'라는 것이다.

성경에 의하면 생명창조는 오직 신만이 할 수 있는 일이다. 그런 관점에서 보면, 돈을 빌려주고 이자를 받는 일, 즉 돈에서 돈을 창조하는 행위는 인간이 신의 영역에 도전하는 것이다. 구약에도 십계명과 함께 '가난한 자에게 돈을 빌려주면 이자를 받지 말라.'라고 쓰여 있다. 그것을 어기고 '돈이 돈을 낳는' 대금업을 하는 것은 신성모독에 해당하는 엄청난 죄악이었다. 노예를 사고파는 일은 전혀 죄가 되지 않았지만, 대금업으로 이자를 받는 것은 용서할 수 없는 죄악이었다.

유태인에 대한 경멸과 혐오는 이자를 받는 대금업에서 기원한다. 1274년 교황청의 리옹공회에서는 대금업자의 시신을 개, 소, 말의 사체와 함께 매장하도록 선언했다. 이자를 받는 것은 도저히 용서할 수 없는 큰 죄악이었다.

유태인의 율법에도 '돈이 돈을 낳는' 이자 수취는 신성모독으로 취급되었으며, 하지만 이방인에게 받은 것은 용서되었기 때문에 그들은 타지를 전전하며 대금업으로 먹고살았다. 오늘날까지도 이자 수취를 신성모독으로 간주하는 것은 놀랍게도 이슬람 세계다. 이자 문제에 관한한 현대 이슬람 율법은 초기 기독교 교리와 다르지 않다. 이자 문제의 관점에서 보면 기독교보다 이슬람 율법이 이자의 문제점을 더 깊이 인식하고 있는 것은 아닐까.

철학자 아리스토텔레스도 돈이 '불임'이므로 이자를 받고 돈을 빌려주는 것은 부당한 일이다고 보았다.

다소 황당하게 들릴지 모르겠지만, 당신이 빚이 없는 사람이라 해도 당신은 매일 이자를 내고 있다. 그것은 당신이 구매하는 모든 것의 가격에는 이자라는 비용이 포함되어 있기 때문이다. 우리가 구입하는 상품과 서비스 가격에는 거의 25% 이자가 포함되어 있다. 이는 엄청난 숫자인데 그렇게 되는 이유는 자금을 빌릴 때의 비용이 소비자가 구입하는 최종 생산물뿐만 아니라 그때까지의 모든 중간 생산물 가격에 이자 비용이 포함되어 있기 때문이다.

거기에 기업의 생산 활동을 위한 토지나 건물 등의 임대료까지 추가되면 이자는 무려 33%를 차지한다고 한다.

뿐만 아니라 집을 임대하더라도 임대료 대부분은 집 주인의 재산담보 대출 이자 갚는 데 쓰인다. 식당에서 식사를 하더라도 식당 주인의 자본비용, 즉 이자가 음식 값에 반영된다. 미국의 예산의 약 10%가 국가 빚에 붙은 이자 갚는 데 쓰인다. 우리나라 예산에도 3-4% 정도의 국가 빚에 붙는 이자가 포함되어 있다.

독일에서는 연간 가구당 1만 8000마르크에서 2만 5000마르크의 이자를 내고 있다. 연간 평균수입 5만 6000마르크의 약 30% 정도의 돈을 이자로 부담하고 있다는 통계가 있다.

사람들은 돈을 빌릴 때에만 이자를 부담한다고 오해하고 있다. 오해를 하든, 하지 않든 자신이 돈만 빌리지 않으면 문제될 것은 없다. 물건 가격에 붙은 이자 비용까지 생각하면서 살 수 없지 않는가. 하지만 지방정부가 돈을 빌릴 때에만 이자를 부담한다고 생각하면 그것은 문제가 될 수 있다.

예컨대 자신들이 발행한 지방채만이 부채이고 이자를 낸다고 생각한다면, 그것은 명백히 지역경제의 본질을 이해하지 못하고 있다는 증거다. 개인 빚도, 아니 누가 대출을 받았든 지역에서 발생한 빚과 이자는 모두 지역경제가 부담해야 할 돈이라는 인식이 절대 필요하다.

우리나라 가계부채는 1400조 원을 넘어 심각한 수준이다. 국가경제에 절대적 영향을 미치기 때문에 빚의 내용, 증가속도 등 면밀히 체크하며 심각히 우려한다. 부채 증가는 이자 비용은 증가시키고, 이자 비용만큼 가계소득을 감소시킨다. 가계소득이 감소할수록 상거래와 소비는 위축되고 경기 침체와 불황이 닥친다. 그런 엄중한 현실을 지방정부가 외면하고, 가계 빚과 이자가 지역경제에 얼마나 치명적인 영향을 미치는지 모른다면, 아니 마치 남의 일처럼 생각한다면, 그것은 지역경제를 포기하는 것이나 만찬가지다,

지역경제가 어려운 부산경제의 예를 들어 보자. 부산 인구 347만 명, 가구수 150만 가구, 자영업 35만여 개다. 정부의 통계에 의하면 자영업당 빚이 평균 1억 원이다. 그러면 부산 자영업자 총부채는 약 35조 원이 된다. 이자를 연 10%로 하면 3조 5천억 원이고, 그러나 자영업은 제조업과 달리 제2금융권 아니면 사채를 쓰기 때문에 이자가 4조 원을 넘을지도 모른다. 어떻든 부산의 2021년도 예산이 13조 원이면, 예산의 30% 규모의 이자를 자영업자들이 내고 있는 셈이다. 이자란 담배 연기처럼 사라지는 돈이다. 이자는 부산시민이 땀 흘리며 쌓아올린 부를 훔쳐 가는 도둑이다.

더 치명적인 것은 부채 35조 원의 외부 유출이다. 빚도 자산이기 때문에 지역에서 유통된다면 문제는 없지만, 그 막대한 돈이 서울로 유출되었다고 가정하면, 지역의 돈의 총유통량은 그만큼 줄어들 것이

고, 그러면 거래는 위축되고 소비는 줄고 불황은 불가피해진다. 그 피해는 자영업과 전통시장의 매출 감소와 부채 증가, 그리고 살인적인 고금리로 이어질 것이며, 그래서 부산경제가 지불해야 할 이자 규모는 기하급수적으로 폭증할 것이다.

4조 원의 이자는 부산 경제가 지불해야 하고, 서울로 유출된 35조 원의 원금은 서울 경제를 위해 일한다면, 누가 재주는 부리고 누가 돈을 챙기는 것인가? 더 많은 예산을 확보하기 위한 노력이 무슨 의미가 있을까. 지역에서 만들어진 돈마저 유출되고, 이자는 기하급수적으로 증가하고 있는데 말이다.

돈의 서울 유출은 지역경제의 고질적인 '돈은 고갈되고 빚만 쌓이는' 병폐를 가속화시키고 있다. 그러나 더 심각한 것은 지방정부가 이 고질적인 병폐를 전혀 통찰하지 못하고 있다는 것이다.

돈은 원래 이자가 붙은 빚으로 창출된다. 그래서 지역에서 만들어진 돈이 서울로 유출되면 바로 문제가 생긴다. 국가경제의 관점에서는 그 돈이 서울에서 유통되든, 아니 부산에서, 광주에서 유통되든 문제될 것이 없지만, 지역경제 관점에서 보면, 돈의 서울 유출은 지역의 돈을 고갈시키고 빚은 쌓이고 이자는 기하급수적으로 증가시킨다. 그래서 지역경제는 항상 돈의 결핍과 수요 감소, 폭증하는 이자 비용으로 만성불황에 허덕일 수밖에 없는 구조다.

서울에는 '공짜' 돈이 넘쳐난다. 이자는 지역경제에 떠넘기며 서울로 유출되는 돈이 바로 '공짜' 돈이다. 원래 돈이 넘치면 물건 값, 부동산 등, 아니 사람 값도 올라간다. 하물며 이자 없는 '공짜' 돈이 넘쳐나는데 땅값, 집값 아파트 가격이 천정부지로 튀는 것은 너무 당연하지 않는가? 지방에 비해 5배, 아니 10배가 넘는다 해도 그렇게 놀랄 일도 아니니다. 이자 없는 '공짜' 돈으로 무슨 장사를 하든, 아니 땅 장사를 하든, 돈 장사를 하든, 돈을 버는 것은 땅 짚고 헤엄치기 아닌가?

'공짜' 돈이 서울로 몰릴수록 서울과 지방의 격차는 치명적으로 갈릴 것이다. 천당과 지옥처럼 말이다.

이자는 지역경제의 치명적인 암이다. 암은 처음에는 천천히 진행되지만 시간이 갈수록 빠르게 진행되며, 암을 발견했을 때는 이미 치료가 불가능한 상태이며, 그래서 죽음에 이르는 경우가 대부분이다. 이자도 암처럼 처음에는 천천히 증가하고, 시간이 흐를수록 급증하며 마지막에 기하급수적으로 폭증하며, 지역경제는 회복 불능 상태, 즉 만성불황에 빠진다.

더 큰 문제는 이자이든 암이든 수직으로 급증하는 실상을 사람들이 전혀 인지하지도 의식하지도 못한다. 그래서 방치된다는 것이다. 암을 방치하면 사람은 죽고, 이자를 방치하면 지역경제는 죽을 수밖에 없다.

아무리 치명적인 암이라도 사전에 발견만 하면 죽음을 피할 수 있다. 마찬가지로 이자의 파괴적 치명성을 당장 깨닫기만 한다면 어떤 비상한 수단을 동원하든, 아니 새로운 종류의 돈(지역화폐)을 만들어 사용하든 이자의 기하급수적 폭증을 막을 수 있을 것이다. 지역경제에서 이자보다 무서운 것은 없다.

지금 세계경제는 거대한 카지노장이 되어 가고 있다. 많은 나라들의 경영 상태를 보면 국가경제가 채무로 유지되고 있다 해도 과언이 아니다. 평균적으로 기업의 현금 흐름의 4분의 1 이상이 이자를 지불하기 위해 충당되는 현실이다. 그 비율이 1970년대에는 8-13%, 1980년대는 15%, 2000년대에는 25% 이상으로 급증하고 있다. 이런 과다한 부채경영은 기업의 성장을 끊임없이 압박하고 자연과 환경을 끝없이 파괴시키고 있다.

대부분의 주류 경제학자들은 이자가 소비를 미루고 당장 누릴 수 있는 즐거움을 억제하고 지연시키는 데 대한 일종의 보상이라고 주장한다. 다시 말해 이자 덕분에 돈을 더 불릴 수 있다는 것을 알기 때문에 사람들은 돈을 쓰지 않고 저축을 한다는 것이다. 저축은 투자를 촉진하고 그래서 자본주의 경제가 제대로 작동할 수 있다고 말한다.

또한 이자가 인간의 낭비와 허영 등 무절제함을 극복하게 해 주는 동기를 부여한다는 것이다. 하지만 1930년대 세계 대공황을 해결한 케인즈의 생각은 조금 다르다.

경제학자 케인즈는 의자 빼기 놀이에 빗대어 이자의 심각성을 설명했다.

이자는 국민이 생산한 모든 것이 미리 지불해야 하는 대상이다. 음악에 맞춰 의자 주위를 사람들이 돌기 시작한다. 그러다 갑자기 음악이 멈추면 모든 사람들이 의자에 앉으려고 한다. 하지만 의자는 사람 수보다 하나 부족하다. 부족한 의자는 이자라는 명목으로 이미 빼 버린 것이다.

사회에 한 사람의 낙오자가 생긴다. 다시 게임이 시작된다. 의자는 또 하나 부족하다. 대출 이자가 복리일 경우 빼 버린 의자가 더 많아진다. 낙오자가 더욱 늘어난다. 수많은 사람들이 빚의 노예로 전락하고 인생을 망친다.

그래서 케인즈는 줄곧 저금리를 주장했으며, 심지어 '제로 금리'와 '마이너스 금리'의 필요성에 대해서도 지지를 표명했다.

독일에는 'GLS은행'이라는 은행이 있다. 물론 정식 은행이다. 이 은행의 특징은 예금자가 자신이 투자할 프로젝트를 직접 선택하고, 동시에 스스로 예금 이율을 정한다. 대량소비, 대량폐기 사회에 의문을 갖는 사람들, 사회복지, 유기농업, 에콜로지 사업 등에 공감하는 사람들이 GLS은행에 예금하다. 예금자가 무이자 또는 낮은 이자를 선택한다. 이 덕분에 은행은 이윤을 우선시하지 않고 사회와 환경에 공헌하는 사업에 저금리로 융자해 준다. 그럼에도 이 은행은 매년 흑자를 내고 있다고 한다.

이러한 사회적이고 윤리적인 투자를 통해 지금까지는 돈을 소유한 사람들의 절대적 권리라고 보았던 이자를 다른 시각으로 보게 되었다. 즉 이자를 사회에 스스로의 의지를 표명하는 하나의 수단으로 받아들이게 되었다. 예금자가 자기 이익보다는 사회와 환경에 공헌하는 것을 먼저 생각한다는 것이다.

결핍의 문화 속에 살고 있는 우리는 결핍을 경제의 근본 토대로 여긴다. 오늘날의 화폐시스템은 인간이 부족한 자원을 두고 각자의 이익을 극대화하기 위해 경쟁할 수밖에 없다는 믿음을 깊숙이 구현하고 있다. 그 시스템의 중심에는 우리가 당연시하는 이자가 있다.

항상 이자가 문제다. 이자라는 존재 때문에 단기적인 이익을 내야만 하는 이자 기반의 빚 시스템 구조 속에서 수명이 길고 가치가 있는 것은 만들어 내지 못하고 플라스틱 잡동사니에, 우리의 행복에 아무 도움도 되지 않는 수많은 상품과 서비스 생산에 막대한 자원을 낭비하고 있다. 지구를 살리고, 환경을 살리는 어떤 훌륭한 사업도 이자를 지불할 수 없다면 자금조달이 불가능하다. 그것이 이자가 붙는 화폐 시스템의 한계다.

지금의 이자 기반 금융시스템이 원활히 작동하기 위해서는 성장률이 이자율보다 항상 높아야 한다. 하지만 성장 연료가 무서운 속도로 고갈되고 성장률은 낮아지는 상황에서 이자 기반의 화폐시스템이 제대로 작동하기 어려워지고 있다.

모든 돈은 이자가 붙는 빚으로 창출된다. 이와 같은 이자 기반의 빚 시스템이 지역경제를 통째로 지배하고 있는 한 어떤 비상한 수단과 정책을 동원하든, '돈은 고갈되고 빚만 쌓이는' 고질적 병폐를 벗어나기 어렵다. '이자가 붙는' 돈이 그 본질상 자연을 파괴하고, 지역공동체를 훼손하고, 지역의 소비시장을 사유화하고, 수많은 자영업, 전통시장을 빚의 노예로 전락시키고 있다.

돈의 결핍과 불황에 시달리는 지역경제를 빚과 이자의 고통에서 해방시키기 위해, 유통권력의 압박에서 신음하는 풀뿌리경제를 해방시키기 위해서는 '이자가 붙지 않는' 화폐시스템이 절실히 요구된다.

이자 없는 지역화폐('대여 상품권' 참조)가 '돈은 고갈되고 빚은 쌓이는' 지역경제의 존재방식을 서서히 그러나 확실하게 바꾸어 놓을 것이다.

5

돈이 죽어야 지역경제가 산다

돈의 수명은 1년으로 강제하고, 시간이 지날수록 가치가 감소하면, 돈을 숨겨 놓거나 저축을 할 수 없으며, 그래서 돈은 활발히 순환하고 경제는 잘 돌아간다는 것이다. 그의 제안은 돈을 강제로 순화시키는 것이다. 그 당시 유명한 경제학자 케인스는 게젤을 높이 평가했으며, 미래에 사람들이 맑스의 사상보다도 게젤의 사상에서 더 많은 것을 배우리라는 유명한 글을 남겼다.

우리 스스로와 모두에게 깨끗한 것이 더럽고 더러운 것이 깨끗한 척하며 사는 일은 적어도 백 년은 계속될 것이다. 더러운 것은 유익하지만 깨끗한 것은 그렇지 못하기 때문이다. 탐욕과 고리대금의 경계심은 우리의 신으로 좀 더 군림할 것이다.

-존 메이나드 케인스-

우리는 생존을 위해 돈에 의존하고, 그 돈이 부족할까 봐 언제든 불안 속에 산다. 아무리 일해도 돈에 쪼들리고, 돈에 대한 결핍과 갈망은 여전하고, 불확실한 경제 때문에 우리는 매 순간 돈에 대한 고민과 불안을 안고 살아간다. 돈 때문에 가늘고 좁은 관계밖에 가질 수 없으며, 하지만 돈이 있으면 어떻게든 되겠지, 하며 돈 만능주의에 빠진다.

돈은 만물을 이끌어 가는 보이지 않는 힘이요, 세상을 움직이는 보이지 않는 손이다. 돈에는 분명 신이 갖는 특질을 가지고 있다. 돈은 사람을 단합시키기도 분열시키기도 한다. 돈은 돌을 빵으로 바꿀 수도, 빵을 돌로 바꿀 수도 있다. 돈은 스스로 자기증식하며 영원불멸한다. 그래서 사람들은 돈을 신처럼 숭배한다. 하지만 돈은 인간이 만들어 낸 역사적 산물이 아닌가? 돈 시스템을 만든 것은 인간이므로 당연히 바꿀 수도, 개혁할 수도 있다는 얘기다.

원래 돈은 교환수단으로서 인간의 심부름꾼으로 만들어졌지만 지금은 돈이 주인이라도 되는 양 사람 위에 군림하고 있다. 무엇을 하려 해도 결국 돈 이야기가 돼 버린다. 그만큼 돈은 절대적인 것이 돼 버렸다.

하지만 우리는 돈 하면 속된 것을 떠올리며, 돈에 관한 이야기를 꺼려 한다. 그동안 우리 사회는 돈과 더불어 섹스와 죽음에 대해서는 금기시해 왔다. 그러나 1960년대를 지나면서 섹스와 죽음에 대한 금기는 깨졌지만, 아직도 돈에 관한 이야기는 금기시한다.

우리는 지금도 점잖은 자리에서 입에 담지 않아야 할 것은 돈에 관한 이야기다. 상대방에게 돈을 얼마나 갖고 있는지 물어보는 것은 지극히 불손한 행위이며, 어떻게 돈을 벌고 있는지 물어보는 것은 극히 예의에 벗어난 행위라고 생각한다. 직장이 어딘지 물어볼 수 있지만, 월급이 얼마인지 물어보는 것은 예의에 벗어난 것이라고 생각한다.

그러나 1930년 인류가 처음 경험한, 세계 대공황 시 잠시 돈의 금기가 깨졌다. 심각한 불황으로 먹고살기 어려워지자 독일 등 유럽 국가에서 '시간이 지나면 가치가 감소하는' 돈이 생겨났다. 그 돈은 가지고 있으면 돈 가치가 감소하기 때문에 사람들은 서둘러 사용했으며,

돈이 빠르게 순환하면서 단숨에 경제를 살렸다. 그러나 국가의 화폐 발행권을 침해했다며 발행을 중지시켰다. 잠깐이었지만 돈의 금기가 깨졌다.

그 뒤 그 돈은 기묘한 이단설로 치부되어 금지당했다. 그때부터 돈을 문제 삼는 것은 금기 사항이 되고 말았다. 돈이 무엇을 하는지는 논의되어도 돈이 어떻게 존재하는지 말하는 것은 금기시하고 있다.

인류 역사를 관통해 온 이자 기반의 돈시스템이 언제까지 계속될 수 있을 것인가? 그러나 이미 신으로 등극한 돈을 인간이 어떻게 감히 속단하고 예측할 수 있겠는가? 하지만. 어째든 현행 화폐시스템이 바뀌지 않고 계속되는 한 세계경제든 국가경제든 아니 지역경제도 불황과 경제 위기에서 벗어나기는 어려울 것이다.

한 번 찍어 낸 돈은 영원히 없어지지 않는다. 그래서 돈은 계속 증가하고, 상품과 서비스 가격은 끊임없이 올라갈 뿐 내려가지는 않는다. 돈이 증가할수록 인플레이션과 양극화, 불평등은 더욱 심화되고 있다.

온 세상을 휘젓고 다니는 돈의 95%는 투기와 추적수단으로 사용될 뿐, 겨우 5%만이 생산 활동을 위해 사용되고 있다. 얼마든지 찍어 낼 수 있는 지폐. 등가대상이어야 하는 그 돈(지폐) 자체가 상품이 되고 투기의 대상이 되고 있는 세상이다. 끊임없이 투기와 탐욕을 부추기는 '이자 기반' 화폐 시스템의 횡포가 계속되는 한 경제 위기와 금융 위기는 끊임없이 반복될 수밖에 없을 것이다. 이 거센 흐름을 막아 보려는 사람들의 저항과 지혜는 현재로선 모두 무력할 뿐이다.

지금의 돈은 이자가 붙는 빚으로 창출된다. 그래서 돈이 만들어지는 순간부터 이자에 의해 그만큼 빚이 많아지고, 빚이 공급되는 돈보다 항상 많을 수밖에 없다. 이 시스템은 필연적으로 무한 경쟁을 강요하며 빈곤과 양극화, 탐욕을 낳는다. 이자로 인한 빚을 갚기 위해서는 우리는 빚을 더 내든지, 아니면 남의 돈을 훔치든지 아니면 더 많은 상품과 서비스를 창출해야 한다.

경쟁과 승패를 강요하는 오늘날의 이자가 붙는 화폐시스템은 상대방의 이익이 곧 나의 손해이고 상대방의 행복이 나의 불행일 수 있다는 우리의 이분법적 사고를 구현하고 있다. 이런 시스템 아래에서 모두가 골고루 잘 살기는 어렵다. 투기와 탐욕, 약탈의 매개체로 변해버린 지금의 이자 기반의 화폐시스템을 우리는 언제까지 신성시하고 절대시 해야만 할 것인가?

현대 사회는 어떤 정치적, 사회적, 경제적 배경을 갖고 있든, 기존의 돈의 시스템을 자명한 것으로 여긴다. 프랑스와 러시아 혁명도 정치, 경제 시스템 등 모두를 바꿨지만 돈의 시스템만은 바꾸지 못했다.

피를 부른 러시아혁명은 사유재산 폐지 등 모든 것을 바꿀 수 있었지만 돈의 기본적인 성격을 변화시키지는 못했다.

이처럼 질풍노도와 같은 혁명기에도 변하지 않았던 돈의 본질이 이제 변하지 않을 수 없는 상황이 점점 다가오고 있다. 아무리 돈을 찍어 내도 불황과 경제 위기 해소는커녕 더 큰 불황과 경제 위기가 닥치고 있기 때문이다.

돈을 찍어 낼수록, 경제가 성장할수록, 대량생산과 대량소비, 대량폐기는 지구의 자연과 환경, 우리의 영혼을 끝없이 황폐화시키고 있다. 이 참혹한 현실을 깨닫기까지는 더 많은 시간이 필요할지 모른다.

하지만 세계경제와 국가경제와 달리 돈을 찍어 낼 수 없는 지역경제의 상황은 당장 절박하다. 회복할 수 없는 척박한 환경에 놓인 지역경제를 살리기 위해서는 돈의 성격을 바꾸는 혁명이 필요한지 모른다. 지금 당장 국가화폐를 통째로 바꾸는 혁명이 아니라, 이자 기반 국가화폐시스템의 문제점을 자각하고, 보완할 수 있는 새로운 종류의 돈을 창출하는 창조적 개혁을 하자는 것이다.

돈에는 두 개의 핵심 기능이 있다. 교환수단의 기능과 축적수단 기능이다. 동네 슈퍼에서 물건을 구매하는 '교환수단'의 돈은 끊임없이 순환하지만, 은행과 주식시장에서 거래되는 '축적수단'의 돈은 순환을 기피한다. 서로 다른 두 기능을 함께 가지고 있는 돈의 구조적 모순이 돈의 순환을 가로막는다.

돈의 순환이 막히고 정체되면, 돈은 결핍되고 불황은 불가피하고 경제 위기는 필연적이다. 하지만 지역 관료와 정치인들, 심지어 경제학자들조차 현실의 돈, 즉 '순환하지 않는 돈'이 지역경제를 얼마나 심각히 파괴하고 있는지, 그 치명적인 원인을 잘 모른다. 알아야 해법을 찾을 수 있지 않겠는가?

세상 만물은 자연의 순화법칙에 따라 태어나 죽고 다시 태어나지만 돈은 시간이 지나도 죽고 없어지기는커녕 이자에 힘입어 더욱 불어나며 영원불멸한다.

앞에서 잠간 언급했지만 1930년 세계 대공황 당시 출현한 '시간이 지날수록 가치가 줄어드는 돈'의 논리를 제공한 사람이 바로 실비오 게젤이다. 그의 사상은 돈도 자연의 존재와 마찬가지로 나이를 먹고 결국 사라져야 한다는 것이다.

빵은 먹어서 없어지고, 구두는 닳아서 없어지고, 전자제품은 고장나고 낡아 없어진다. 하지만 이것을 구입한 돈은 없어지지 않는 물건이다. 이 같은 사물과 돈의 불균형이 모든 사회, 경제적 문제를 일으키는 근원이라고 주장했다. 돈도 물건처럼 시간이 지나면 낡아 없어져야 한다는 논리다.

돈의 수명은 1년으로 강제하고, 시간이 지날수록 가치가 감소하면, 돈을 숨겨 놓거나 저축을 할 수 없으며, 그래서 돈은 활발히 순환하고 경제는 잘 돌아간다는 것이다. 그의 제안은 돈을 강제로 순화시키는 것이다. 그 당시 유명한 경제학자 케인스는 게젤을 높이 평가했으며, 미래에 사람들이 맑스의 사상보다도 게젤의 사상에서 더 많은 것을 배우리라는 유명한 글을 남겼다.

또 한 사람이 있다. 동시대의 유명한 사상가인 독일 출신, 루돌프 슈타이너는 '노화하는 돈' 논리를 제창했다. 그는 돈의 수명을 25년 정도로 설정하면, 융자와 증여하는 영역에서 돈의 흐름이 자동적으로 조종되어 경제가 균형을 유지할 수 있다고 주장했다.

우리나라 고액권 오만 원권 회수율이 30%도 못 미친다. 탈세, 뇌물 등 부정한 수단 사용 때문이라며 문제점을 강하게 지적하지만 돈이 순환하지 않은 치명적인 문제에 대해서는 별 말이 없다. 만일 오만 원권의 수명을 10년 내로 강제하면, 고액권 본연의 기능은 유지하면서, 돈의 부정한 사용은 막고, 돈을 빠르게 순환시키면 경제 활성화에도 크게 기여할 수 있지 않겠는가?

게젤이나 슈타이너의 사상은 나이 먹게 하는 방법에는 분명 차이가 있지만, 영원히 사라지지 않는다고 생각했던 돈에 분명히 한계를 지우려 했고, 돈의 존재방식을 바꾸어 경제를 살리려고 했던 의도는 같다고 할 수 있을 것이다. 일정한 시간이 지나면 소멸되도록 강제해야 돈의 순환이 촉진되고, 그러면 경제가 살아난다는 주장이다. '돈이 죽어야 경제가 산다.'라는 논리다.

화려하고 위대한 것은 서울에 다 모여 있다. 돈이 불나방처럼 서울로 몰려든다. 현실의 돈은 '내가 많이 가질수록 너는 적게 갖는다.'라는 믿음을 구현하고 있다면, 돈이 서울로 몰리면 다른 지역은 당연히 돈이 고갈될 수밖에 없는 구조는 당연하다. 그러나 지방정부는 그 실상은 잘 모른다. 흐르는 강물이나 고속도로를 달리는 자동차의 모습은 잘 보이지만, 돈의 움직이는 모습은 잘 보이지도, 볼 수도 없기 때문일 것이다.

지역경제를 구성하는 소비자들 역시 잘 모른다. 밝은 조명에 덥지도 춥지도 않는 쾌적한 환경을 제공하는 대형마트에서 쇼핑을 끝내고, 계산대 앞에서 결제하는 순간 '자신의 돈'이 '서울'로 유출된다는 사실을 알지 못한다. 지방정부도 지역 소비자조차도 모두가 체감하지도 못한다. 그래서 관심도 없다.

그저 돈의 서울 유출은, 매우 구조적인 문제로, 국가의 책임이지 지방정부가 책임질 일은 아니라는 것이다. 물론 그 책임을 국가에 떠넘길 수는 있겠지만. 돈의 유출로 인한 현실적인 피해와 손실은 고스란히 지역경제의 몫이 될 것이다.

돈의 유출은 매우 치명적이며, 파괴적이다. 적은 돈이라도 지역에서 잘 순환하면 경제는 잘 돌아갈 것이다. 하지만 지역에서 순환해야 할 돈이 유출되면 돈은 결핍되고 불황과 경제 위기는 불가피하다. 더 치명적인 것은 지역 내에서 만들어 진 돈(원금)의 유출이다. 누가 대출을 받았든, 지역경제가 이자를 부담해야 하기 때문이다. 어떻든 외부로 유출된 돈이 많을수록 지역의 이자 부담이 커질 수밖에 없다. 이자는 그 지역 사람들이 땀 흘리고 쌓아 올린 부를 빼앗아 가는 것이다.

지역경제를 기필코 살리고 싶다면, 돈의 유출을 막는 것보다 더 확실한 방법은 없다. 그렇다면 돈의 유출을 어떻게 막을 것인가? 그것이 문제의 핵심이다. 그러나 돈의 사용은 개인의 자유인데 어떻게 막을 수 있겠는가. 너무 어렵게 생각할 필요는 없다. 지역을 버리고 떠나는 순간 '소멸되는 돈'을 만들면 되지 않겠는가? 돈은 인간이 만든 것이다. 돈을 바꿀 수 없다는 생각을 바꿔야 고대시대부터 돈의 본질은 '공동의 합의'가 구현된 것이다.

'지역을 버리고 떠나는' 돈이 죽어야 지역경제가 산다는 논리가 아닌가?

경제학자들은 지역경제가 늘 어렵다고 말한다. 그것은 돈이 돌지 않고, 그래서 거래와 소비는 위축되고, 골목상가 매출은 줄어들고, 중소기업 가동률은 감소하고 실업자는 증가한다는 뜻이 아니겠는가?

이것을 한마디로 요약하면, '서민들이 먹고 살기 어렵다.'라고 말할 수 있다. 그 진정한 뜻은 서민들이 살 것은 많은데 돈이 부족하다는 의미일 것이다. 바꿔 말하면 서민들이 저축할 돈이 부족한 것이 아니라 물건을 살 돈이 부족하다는 의미 아니겠는가.

돈의 본래의 목적은 교환수단으로 만들어졌다. 하지만 돈에 축적기능이 추가되면서부터 사람들은 돈에 대한 무한한 욕망을 갖게 되었다. 인간의 내면적 욕망뿐만 아니라 돈의 축적기능이 끊임없이 인간의 욕망을 부추기면서 돈을 갈망하게 만든다. 사람들은 죽어라고 돈을 끌어모으며 축적을 강화한다. 그래서 돈은 순환하지 않게 된다는 것이다.

순환하지 않으면 돈은 결핍되고, 돈이 고갈되면 거래와 소비는 감소하고 불황과 경제 위기는 불가피하다. 하지만 사람들의 혈액순환이 활발하면 최상의 건강을 유지할 수 있듯이 돈이 원활히 순환하면 경제가 잘 돌아가고, 불황은 없을 것이다. 이것은 경제의 기본 원리다.

그러면 돈을 어떻게 원활히 순환시킬 것인가? 그것이 문제다. 순환을 방해하는 돈의 '축적기능'을 제거해 교환수단 기능만 남겨 두면 어떨까? 축적수단의 돈이 죽어야 지역경제가 산다는 논리다.

태어나 죽고 다시 태어나는 '자연의 순환법칙 거역하는' 돈, 태어난(대출) 곳을 배신하고 '지역을 떠나는' 돈, 순환을 방해하는 '축적수단으로만 작동하는' 돈이 죽어야 지역경제를 살릴 수 있다.

소중한 자연환경과 자원을 고갈시키며 무한 성장하려고만 하는 이자 기반 경제시스템 속에서 지금까지는 부정적으로밖에 보지 않았던 '이자가 붙지 않는 돈'이라는 시스템('대여 상품권' 참조)의 발상, 그 발상 속에 새로운 지역경제로 가는 길이 보일 것이다.

6

지방정부는 과연 호텔인가? 아니면 모텔인가?

돈과 자원의 유출은 국가의 책임이라고 얼버무리거나, 지역경제를 오직 정부 예산에만 목을 매는 한 상상력과 창의력은 작동되지 않는다. 창의력이란 그냥 머리를 쥐어짠다고 솟아나는 것도, 아껴 두었다가 필요할 때 꺼내 쓸 수 있는 물건도 아니다. 끊임없는 도전과 용기를 통해서만 창의력은 솟아나는 것이다. 국가의 예산에만 의존하려는 지역 관료와 정치인들의 낡은 패러다임으로는 지역경제의 근본적인 변화와 혁신은 기대할 수 없다.

한 나라의 진정한 부의 원천은 그 나라 국민들의 창의적 상상력에 있다.

-애담 스미스(《국부론》)-

오래전의 일이다. 부산에서 있었던 일이다. 해운대 한 특급 호텔이 이른바 '속 보이는 호텔'이 논란에 휩싸였다. 초고층 아파트의 35층 이상의 거실에서 건너편 특급 호텔의 객실과 화장실 등 내부가 훤히 보인다는 항의가 빗발쳤다. 두 건물이 너무 가깝게 지어진 데다가 외벽 전체가 통유리로 되어 있어 낮에는 내부가 보이지 않지만 밤에는 객실 조명을 켜면 객실 내부가 훤히 들여다보인다는 것이다.

방송에 출연한 한 주민은 '소파에서 키스하고 애무하는 장면을 목격했다.'라고 주장했으며, 특히 아이를 둔 입주민들의 불만은 더욱 컸으며, 결국 손해배상 청구까지 하기에 이르렀다. 흥미로운 것은 보이는 호텔 투숙객보다 바라보는 쪽의 초고층 아파트 입주자들이 불만을 제기했다는 것이다.

우리나라의 숙박시설은 크게 호텔과 모텔로 나누어진다. 호텔이나 모텔은 사람들이 숙박 공간이라는 점에서는 본질적 차이가 없지만, 그러나 자세히 들여다보면 여러모로 큰 차이를 발견할 수 있다. 호텔은 약속하는 장소로 많이 이용된다. 즉 얼굴을 대면하고 대화를 나누는 만남의 장소이지만, 모텔에서는 다른 사람들에게 얼굴이 노출되는 것을 매우 꺼려 하며 금기시한다.

외관상 가장 큰 차이점은 창문의 크기다. 모텔은 바깥세상과 건물 내부를 완전히 차단한 공간으로, 환기 목적 외에는 창문이 필요 없다. 창문이 필요 없는 창고처럼 외부 공간을 거의 차단하는 곳이 모텔이라면, 호텔은 바깥 경치를 보기를 원하고 또한 보이기를 원하는 공간으로 창문이 크고 열린 공간이기를 바란다.

건물에서 창문은, 건축물의 안과 밖을 연결해 주는 소통의 도구이며, 현대적인 감각과 드러내고 싶은 당당함을 표현하는 수단이 되고 있다

그러나 호텔과 모텔의 경영 방식에서는 본질적인 차이가 있다. 모텔 경영은 고객들의 숙박료와 잠시 쉬어 가는 고객들의 객실 사용료가 절대 수입원이지만, 한정된 객실의 이용률은 물론 객실 회전율을 높일수록 수입은 기하급수적으로 늘어난다. 어떻든 고객의 확보가 모텔 경영의 핵심 목표다.

손님이 코를 골며 자고 가든, 한판 씨름을 하고 가든, 사람인지 동물인지 구분할 필요도 없으며, 그들이 총각인지 유부녀인지 과부인지, 아니면 건달인지 수도승인지 확인할 필요도 없다. 오직 그들의 비양심과 수치스러움이 드러나지 않도록, 어두운 조명으로 감춰 주는 것이 모텔의 최고 경영 전략이다.

그러나 호텔 경영은, 벌어들이는 고객의 객실 요금으로는 직원들의 인건비조차 감당키 어려우며, 호텔을 찾아오는 손님들을 기반으로 카페, 레스토랑, 사우나, 웨딩 사업 등 각종 부대 사업을 통하여 절대 수입을 창출한다. 호텔은 단순한 숙박 사업이 아니라, 종합 서비스 산업으로 급속히 진화하고 있으며, 새로운 수입원과 새로운 사업 영역을 찾아 끊임없이 변화하는 역동성이 호텔의 경영 전략이다.

우리 지역경제는 지금 벼랑 끝에 서 있다. 모든 자원과 돈의 서울 집중으로 지역경제는 갈수록 활력을 잃어 가고 있다. 지역의 모든 자원과 인재가 서울로 몰리면서 서울과 지방의 격차는 갈수록 더욱 벌어지고 있다. 하지만 지방정부는 그것은 매우 구조적 문제로 국가의 책임이라며 강 건너 불 보듯 하고 있다.

1980년대 후반부터 시작된 세계화로 국가 간 제도적 장벽이 무너진 글로벌 경제에서는 부존자원이 있든 없든, 그것은 중요한 것이 아니며, 중요한 것은 세계 시장에 넘쳐나는 돈과 기업, 자원들을 어떻게 끌어들이고, 얼마나 창조적으로 새로운 가치를 창출할 수 있느냐가 핵심이다.

대량수송, 대량통신, 인터넷 등장으로 지구상의 돈, 기술, 인재, 정보 등 엄청난 자원이 빠른 속도로 움직이며, 주인을 기다리고 있다. 하지만 머리를 안 쓰려는 사람이나. 무능한 지방정부에게는 그림의 떡일 뿐이다. 머리를 안 쓰려고 하는 것이 인간의 속성이라고 뇌 과학자들은 말한다. 머리를 쓰는 것 자체가 에너지를 많이 소비하기 때문이다. 그래서일까? 지역의 관료나 정치인들은 머리를 쓰거나 골치 아픈 생각은 싫어한다.

돈과 자원의 서울 유출은 심각하다. 돈의 유출을 막지 않고는 지역경제 되살리기는 불가능하다. 자원의 유출은 결국 돈의 유출을 의미한다. 교육이든, 의료이든 모든 자원은 돈과 함께 유출되기 때문이다. 돈의 유출을 막는 것이 바로 자원의 유출을 막는 것이다. 그렇다면, 어떻게든 돈의 유출을 막을 수단과 방법을 찾아야 하지 않겠는가.

세계 시장에서 자원을 끌어들이기 위해서든, 지역의 돈 유출을 막기 위해서든, 기존의 타성과 고정관념에 갇혀서는 해법을 찾기 어렵다. 기존의 프레임에서 벗어나 상상력과 창의력이 발휘되어야 해법을 찾을 수 있다.

돈과 자원의 유출은 국가의 책임이라고 얼버무리거나, 지역경제를 오직 정부 예산에만 목을 매는 한 상상력과 창의력은 작동되지 않는다. 창의력이란 그냥 머리를 쥐어짠다고 솟아나는 것도, 아껴 두었다가 필요할 때 꺼내 쓸 수 있는 물건도 아니다. 끊임없는 도전과 용기를 통해서만 창의력은 솟아나는 것이다. 국가의 예산에만 의존하려는 지역 관료와 정치인들의 낡은 패러다임으로는 지역경제의 근본적인 변화와 혁신은 기대할 수 없다.

오직 중앙정부의 예산 확보에만 목을 매는 지방정부의 획일화된 성장 전략은, 오직 고객 확보에만 목을 매는 단순한 모텔식 경영 방식과 너무 흡사하지 않는가? 구름 같은 인력은 물론, 막대한 조직과 막강한 권력을 쥔 지방정부가 모텔식 경영에 급급한다면 너무 한심한 노릇 아닌가?

지방정부는 단순한 모텔식 경영을 벗어나 새로운 것을 찾아 끊임없이 도전하는 호텔의 상상력과 창의력을 배워야 한다. 호텔의 본질은 숙박업이다. 그러나 그들은 숙박업에 매달리지 않으며, 호텔의 '고급 브랜드'와 '신용'을 기반으로 레스토랑, 카페, 베이커리, 웨딩사업뿐만 아니라 쇼핑, 미용, 의료, 엔터테인먼트 등 미래의 서비스 산업으로 끝없이 진화하고 있다. 아마 그들의 상상력은 가까운 미래에 달나라에도 초특급 호텔을 지을지 모를 일이다.

만약 지방정부가 작정하고 호텔의 놀라운 상상력과 창의력을 배우고 싶다면 기막힌 좋은 방법이 있다. 예를 들면, 15층 이상의 건물을 지어 필요한 만큼 7-8층까지는 지방정부 청사로 사용하고, 나머지 층은 세계적인 유명 호텔을 찾아 임대하면 된다.

지방정부는 임대 수입도 올릴 수 있고, 또 많은 것을 배울 수 있다. 호텔 임직원들의 '보이는 것'을 자랑스러워하는 개방된 자세와 항상 고객을 왕처럼 모시는 서비스 정신, 돈이 될 만한 새로운 것을 찾아 끊임없이 도전하는 그들의 상상력과 창의력을 배울 수 있을 것이다.

그러나 안타깝게도 아직까지 권위적인 지방정부와 역동적인 호텔이 함께 입주해 있는 건물은 본 일도, 들어 본 일도 없다. 그렇다면 한번 시도해 보면 어떨까. 아니 너무 엉뚱한 발상일까?

공산주의 국가, 중국은 자본주의를 끌어들였지만 지방정부를 위해 아무것도 해 주지 못했다. 돈은커녕 빗자루 하나도 주지 못했다. 줄 수 있는 것은 어떤 식이든 '알아서 먹고 살아라.'라는 자율과 생각의 자유를 주었다. 그러나 '창조적 자유'는 지방정부의 상상력과 창의력을 끝없이 자극했으며, 코딱지 같은 적은 돈이든, 하찮은 기술이든, 투자하겠다는 기업은 모조리 받아들였으며, 결국 지방정부의 창의적인 사고와 열정이 중국을 G2 국가로 만들어 낸 것이다.

자신들이 가장 경멸하던 자본주의까지 끌어들인 중국인의 도전과 용기는 생각할 수 없는 것을 생각해 낸 상상력과 창의력의 극치다.

모텔 경영에는 규모에 따라 다르지만 열 명 내외의 종업원들이 열심히 일한다. 청소하는 사람, 침구를 세탁하고 관리하는 사람, 냉난방을 관리하는 사람, 카운터에서 돈 받는 사람 등 모두가 자기 일처럼 열심히 일한다. 밤이고 낮이고 손님이 쉴 새 없이 드나들어야 돈을 많이 벌 수 있으며, 그러나 만일 손님이 줄어들면 월급을 못 받을까 불안해한다. 그래서 모텔은 고객을 왕처럼 모실 수 있는 것이다. 고객은 그들의 밥통이다.

지방정부는 지역주민을 외면한 채 중앙정부를 왕으로 모신다. 중앙정부의 지원과 예산이 지역경제를 좌우하기 때문이다. 중앙정부를 통하지 않고는 지역에 필요한 예산과 성장 동력을 확보할 수 없다고 생각한다. 그래서 중앙정부를 설득하고 아부(?)하는 데 지역의 역량을 총동원한다. 그러나 중앙정부에 온 정신을 쏟다 보면 지역의 상상력과 창의력은 소멸되고 말 것이다.

솔직히 말해서, 설령 지방정부가 어떤 로비도 하지 않아도, 인구 비례로 기본예산은 확보할 수 있을 만큼 대한민국 정부도 공평하고 깨끗해지지 않았는가(?). 도리어 지방정부는 로비한답시고 정부의 공평성과 공정성을 분탕질하고 있는지도 모른다.

세상은 끊임없이 변한다. 변하지 않는 것이 하나 있다면, 그것은 지역의 관리와 정치인들의 사고와 철학이다. 기존의 낡은 프레임과 패러다임에서 벗어나지 않고는 지역경제의 본질적 변화를 기대할 수 없다. 기존의 생각의 틀을 바꿀 수 있는 에너지는 도전과 용기, 창의력이다.

창의력이란 남과 다르게 생각하고 남과 다르게 행동하는 것이다. 항상 새로운 것을 찾고, 남들이 못하는 것, 남들이 등한시하는 것을 찾아 창조적으로 할 수 있어야 한다.

지방정부는 확보된 예산을 집행하고 사용하는 것을 등한시한다. 지방정부 시각에서 보면 확보된 예산은 공짜 돈이다. 피땀 흘려 번 돈은 아껴 쓰지만, 공짜로 굴러온 돈은 누구나 헤프게 쓰기 마련이다.

수단 방법을 가리지 않고, 중앙정부로부터 예산을 많이 확보할 수 있는 지방정부가 유능한 정부가 아니라, 적은 예산을 마중물로 활용, 더 많은 지역 사업을 개발하고, 더 많은 일자리를 만들고, 더 많은 창업을 지원하고, 더 많은 서민금융을 지원할 수 있는, 상상력과 창의력을 발휘할 수 있는 지방정부가 더 유능한 정부다.

미국 서부 황량한 네바다 사막 가운데 라스베이거스라는 도박으로 먹고사는 도시가 있다. 수천 개 규모의 객실을 갖추고 있는 초특급 호텔들이 수없이 널려 있고, 호텔마다 어김없이 축구장보다 큰 도박장이 개설되어 있다. 그러나, 신기하고 또 신기한 것은 초고급 시설을 자랑하는 라스베이거스의 호텔의 숙박료가 파격적으로 싸다는 것이다.

그러나 그들이 노리는 것은 숙박료 수입이 아니다, 그들의 값싼 숙박료는 손님을 도박장으로 유인하기 위한 '미끼'일 뿐이다. 그러나 점잖은 고객조차도 싼 숙박료의 서너 배쯤의 돈을 잃고 간다.

한국의 모텔 숙박료는 모텔의 운명을 좌우하지만, 라스베이거스의 호텔 숙박료는 그저 단순히 손님을 유인하는 미끼에 지나지 않는다. 지방정부는 지역 경제의 운명을 중앙정부에 맡길 것이 아니라 중앙정부를 '미끼'와 '마중물'로 활용하는 용기와 배짱, 창의력이 절실하다.

경쟁적으로 새로운 건물을 짓고 있는 지방정부 청사 건물들은 모텔 건물과는 비교될 수 없을 만큼 개방적이며 밝고 훤하다. 바깥세상과 안이 서로 훤히 보일 만큼 유리 창문이 크고, 창문이 많이 사용되어 있다.

이처럼 지방정부 청사는 놀라울 만큼 개방적이고 밝고 화려해지고 있지만, 그러나 지방정부 조직은 여전히 폐쇄적이며 돌처럼 무겁다. 그들은 매우 권위적이고 이기적이며 아직도 숨기고 싶은 것이 많은지, 자신의 부족함, 무능함이 들어날까 두려워하며, 무사안일주의를 감추고 싶어 한다. 그들에게는 변화와 새로운 것이 항상 두렵다.

지방정부 청사는 모텔처럼 바깥세상과 내부가 차단되어 지역 주민들과의 소통이 단절되어 있으며, 그나마 열려 있는 창문은 오직 언론과의 창구뿐이다.

밖에서는 그들이 도대체 무엇을 하는지, 무슨 생각을 하고 있는지 알 길이 없다. 그러나 그들은 창문을 통해 바깥세상을 바라보면서 웃고 있는지 모를 일이다. 지방정부 청사의 창문은 넓고 커졌지만, 그것은 소통의 창구가 아니라 '바라볼 수 있다.'라는 권력을 조절하는 장치일 뿐이다.

지방정부의 조직이 드러내는 것을 두려워하지 않고, 사익보다는 공익을 우선하고, 권위적 자세와 무사안일주의 사고에서 벗어나야만, 비로소 지방정부의 변화와 혁신, 창의력이 작동될 수 있다.

호텔은 항상 사람들이 붐비고 활기가 넘친다. 호텔은 상상력과 창의력의 에너지가 분출하는 역동적인 장소이며, 모텔은 상상력과 창의력이 말살된 획일화로 박제된 공간으로, 보이기 싫은 것을 감추고 있는 괴물이다.

지방정부는 과연 역동적인 호텔인가 아니면 폐쇄적인 모텔인가?

7

소비시장을 지역경제에 돌려주라

지역경제 시각에서 보면, 대형 유통자본은 야생 멧돼지보다 더 파괴적이다. 개체 수가 많아진 멧돼지들이 먹이를 찾아 농촌에 나타나 고구마, 옥수수 등을 먹어치우며 온통 쑥대밭을 만들고, 도심에도 나타나 사람들을 헤치며 공포 분위기를 만든다.

개체 수가 늘어난 대형 유통점들이 도심 곳곳에 출현하면서, 주변의 동네슈퍼, 과일가게, 야채가게, 구멍가게 등을 쑥대밭을 만든다. 매출이 반으로 곤두박질하고 고객이 반으로 줄어 더 이상 버틸 수 없다. 그야말로 파괴적이며, 공포스럽다.

천국에 먼저 도착한 사람들이 지금 우리가 지구의 표면을 나눠 갖듯이 천국의 표면에 대해서도 사유재산 제도를 시행해 절대 소유권을 나눠 가졌다면 지금 천국은 어떻게 돼 있을까?

-헨리 조지-

땅이 인간의 노력과 무관하게 존재하는 것은 분명하지만, 지역의 소비시장도 그 지역 사람들의 노력과 무관하게 존재한다. 그렇다고 '시장'을 누가 만들어 준 것도 아니다. 중앙정부가 만들어 준 것도 아니고, 대형 유통자본이 거대한 규모의 쇼핑 시설을 지었다고 해서 그들이 시장을 만들어 준 것도 물론 아니다.

시장은 누가 만들어 주지 않아도 수요가 있으면 저절로 생겨난다. 1994년 아프리카 르완다 사람들은 지독한 내전을 피하기 위해 인접한 자이르(현 콩고)에 난민들이 몰려들었으며, 그래도 아수라장인 수용된 난민촌에 제일 먼저 생긴 것이 시끌벅적한 시장이었다. 시장에는 식료품, 옷가게, 음식점, 정육점, 약국 등 수많은 상가가 조성되었다.

2차 대전 당시 나치의 포로수용소에서도 시장이 생겨났다. 포로들은 적십자가 제공한 식량, 담배, 옷 등을 거래했는데 필요한 것들은 무엇이든 구매할 수 있었다. 오랫동안 굶주린 포로들이 들어올 때는 식료품 가격이 급등했으나, 매주 식량이 배급되면 식품 가격이 내려갔다. 포로수용소에서도 수요공급 원리에 의해 가격이 결정된 것이다. 노동시장도 형성되어 빨래를 해 주고, 초상화 그려 주는 서비스도 등장했다.

난민촌에서도, 포로수용소에서도, 심지어 포탄이 난무하는 전쟁터에서도 시장은 생겨나고, 시장을 인정하지 않는 북한에서도 '장마당'이라는 불법 시장이 활발히 열리고 있다. 시장은 지역 주민들이 모여 생활하면서 자연스럽게 만들어진 것이다. 그래서 지역의 시장은 지역 주민들의 생활 터전이며, 당연히 지역 주민들의 것이다.

그런대도 지방의 '시장'을 마치 자기 것처럼 착각하고, 마음대로 시장을 독식 독점하고 횡포를 부리며 터줏대감 노릇을 한다면, 그들은 도둑이 아니라 날강도가 되는 것이다. 당신이 만든 것이 아닌 것을 내 것이라도 우기면 당신은 도둑이 되는 것이나 마찬가지인 것이다.

지역에 군림하는 대형 유통자본(백화점, 대형할인점 대형 슈퍼마켓, 아울렛, 편의점 등)은 지역의 '소비시장'을 마치 자기들이 만든 것처럼 주인 행세하며 독식하고 있다. 백주의 날강도가 아닌가. 너무 지나친 말일까. 혹시 그들은 이런 생각을 하고 있는지 모른다.

자신들이 막대한 돈을 들여 최신 건물을 짓고 설비를 했으니 자기가 시장을 만든 것으로 착각할 수 있는지 모를 일이다. 행여 그렇게 생각한다면 큰 오산이 아닐 수 없다. 자신들이 돈 들여 건축한 쇼핑 건물과 설비를 철거하고 지역을 떠난다고 해도, 지역에 시장은 존재한다. 그러나 주민들이 그 지역을 떠나 버리면 거기에 시장은 존재하지 않는다. 더 이상, 자기들이 만들었다고 시장이 내 것이라고 주장할 수 있겠는가?

지역경제는 소비 중심 경제다. 자원이 한정되고 자본과 기술이 열약한 지역경제는, 소비가 지역경제를 떠받치는 기둥이다. 그러나 지역 관료나 정치인들은 소비를 그냥 낭비 요인으로만 생각한다. 아직도 소비는 악덕이고 생산은 미덕이라는 청교도적 가치관에 갇혀 있는지 모른다.

성장제일주의 이데올로기에 매몰된 그들은 오직 생산만이 지역 발전을 견인하고, 고용창출도 생산만이 해결해 줄 수 있다는 고정관념에 갇혀 있다.

지금 세계 경제는 소비시장 쟁탈 전쟁을 벌이고 있다. 각국이 벌이는 수출 전쟁도 소비시장 영토를 넓히기 위한 전략이고 전술이다. 소비시장을 많이 차지할수록 생산과 수출을 늘릴 수 있으며, 생산을 늘려야 많은 일자리를 만들 수 있으며, 고용이 늘어날수록 실업률은 감소하고 사회가 안정되고 국민행복 지수를 높일 수 있다.

18세기 식민지 쟁탈 전쟁을 벌였던 제국주의 본질은 영토 확장이 아니라 총칼로 소비시장을 빼앗아 소비 영토를 넓히는 것이었다. 자국에서 만든 상품을 식민지에 비싸게 팔아 이익을 챙기는 착취 구조를 만드는 것이다. 소비시장을 확보한 뒤에는 본국에서 만든 제품은 식민지에서 만들지 못하게 했으니, 이 얼마나 악랄한 만행인가.

지금의 선진국들이 그렇게 해서 선진국이 되었다고 비난한다면 너무 지나친 논리적 비약일까?

그러나, 300년도 훨씬 지난 지금도 총칼은 안 들었지만, 똑같은 수법이 이루어지고 있는 곳이 있다. 거대 제국으로 등극한 대형 유통 자본은 온갖 야비하고 폭력적인 방법으로 지역의 '소비시장'을 약탈하며, 그들의 식민지로 만들고 있다.

국가든, 지방정부든 소비시장은 반드시 지켜야 하는 소중한 자산이며 지역의 최고의 가치다. 국가가 경쟁 국가에 국내 소비시장을 빼앗겨 수입 상품이 범람하면 일자리가 감소하고 실업이 증가하고 국민들은 살기가 어려워진다. 그래서 1970-80년대 우리는 소비시장을 지키고, 경제적 자립을 위해 '국산품 애용하기'를 얼마나 열심히 외치며 분투하지 않았는가.

이미 대형 유통자본에 소비시장을 빼앗긴 지역 영세 자영업자들은 장사 터전을 잃고 생계의 위협 속에 짓눌린 삶을 살고 있다. 소비시장을 잃어버린 지역경제는 지속적인 발전과 성장은커녕 자생력을 상실한 채 만성 불황의 깊은 늪에 빠져 있다.

소비시장은 강이나 바다처럼 누구도 독점할 수 없는 지역의 공유자원이지만 거대 유통자본에 짓밟히고 독점되면서 지역의 자영업, 전통시장 골목상가 등 풀뿌리경제는 계속되는 매출 감소와 빚의 증가로 생존 기반이 뿌리 채 흔들리고 있다. 전통시장 상인들은 셔터를 내리고, 바로 이웃인 동네 가게들은 문을 닫고 떠나면서 빈곤층으로 전락하고, 호혜적인 지역공동체마저 치명적으로 붕괴되고 있다.

지역경제 시각에서 보면, 대형 유통자본은 야생 멧돼지보다 더 파괴적이다. 개체수가 많아진 멧돼지들이 먹이를 찾아 농촌에 나타나 고구마 옥수수 등을 먹어치우며 온통 쑥대밭을 만들고, 도심에도 나타나 사람들을 헤치며 공포 분위기를 만든다.

개체수가 늘어난 대형 유통점들이 도심 곳곳에 출현하면서, 주변의 동네슈퍼, 과일가게, 야채가게, 구멍가게 등을 쑥대밭을 만든다. 매출이 반으로 곤두박질하고 고객이 반으로 줄어 더 이상 버틸 수 없다. 그야말로 파괴적이며, 공포스럽다.

파괴적이고 공포스럽다는 점에서는 서로 같아 보이지만, 그들의 본질적 속성은 전혀 다르다. 야생 멧돼지는 한번 배가 부르면 더 이상

욕심을 부리지 않지만, 대형 유통자본의 포식성과 탐욕은 끝이 없고 무한하다는 것이다.

강이나 바다는 눈에 보이는 공유 자원이지만, 소비시장은 눈에 잘 보이지 않는다. 그래서일까, 지방의 관료와 정치인들은 바로 코앞에 있는 소비시장을 잘 보지 못한다. 그러지 않고서야, 지역경제의 보물단지인 소비시장을 지키고 보살피기는커녕 그렇게 쉽게 남에게 내줄 수 있겠는가?

보통 사람들이야 보이지 않으면 못 봐도 그만이지만, 지도자라면 보이지 않는 것도 볼 수 있어야 한다.

자원이라고는 아무것도 없는 지역경제에서 소비시장(유통시장)보다 더 귀중한 자원은 없다. 소비시장은 분명 지역공동체에 의해 스스로 만들어지는 자원이고 자산임에도 불구, 지역경제를 외면하고 대형 유통자본만을 위해 봉사하는 '식민지' 시장으로 전락했다. 지금 자영업, 전통시장은 도저히 회복할 수 없는 척박한 환경에 직면해 있다.

매출이 급감하고 부채는 폭증하는 위기와 공포 속에서 장사를 포기하고 가족들은 뿔뿔이 헤어지고 있다. 유통자본의 끝없는 약탈과 탐욕이 지역공동체의 마지막 보루인 가족까지 해체시키고 있다. 그런데도 모두가 편리함과 화려함에 중독된 듯 미친 듯이 대형 유통점으로 달려가고 있다. 이것이 과연 우리가 바라는 지역경제의 참된 모습은 아닌데도 말이다.

옛날에는 대학에 못 가면 장사나 하라고 말했는데 이제는 장사하기도 어려워진 세상이 된 것이다. 전설 같은 이병철 씨나 정주영 씨도 장사꾼 출신이 아닌가. 대형 유통자본들이 지방의 출현하기 전만 해도 자영업은 고생스럽고 폼은 없지만 서민들의 희망의 사다리였고 지방경제의 성장 엔진으로서 훌륭한 경제 주체였다. 그러나 이제는 밥벌이도 힘든 천덕꾸러기로 전락했다.

지역 발전을 위해 생산만을 추구하는 구시대적 사고에서 벗어나야 한다. 그렇다고 기업 유치 외자 유치와 같은 생산 확대 노력을 포기하자는 것이 아니라, 무관심 속에 방치되고 있는 소비시장을 지역 발전의 도구로 활용하는 창의적 사고와 발상의 전환이 필요하다는 것이다.

'생산'은 인위적이며 많은 조건을 수반한다. 공장 하나 세우고 가동하려면 돈, 기술 등 얼마나 많은 것들이 요구되는가. 그런가 하면 지역의 환경오염을 걱정해야 한다. 그러나 '소비시장'은 공동체가 존재하는 한 자연발생적이며 아무런 조건을 요구하지도 어떤 비용을 요구하지도 않는다.

생각의 틀을 뒤집어라. 소비를 생산적 요소로 바라보는 창조적 발상이 요구된다. 창조적 시각에서 보면 소비시장은 지역경제를 살리기 위한 마술 상자와 같다. 소비시장이 외부로부터 독립되고 자생력을 확보하면, 관성의 법칙에 따라 스스로 자라고 스스로 커진다. 시장이 커질수록 영세 자영업들에게 더 풍요로운 텃밭을, 청년들에게는 더 많은 창업 기회를 제공한다. 역동적인 시장은 분배를 촉진하고 빈곤과 양극화를 몰아낸다.

소비시장이 커질수록 지역의 먹거리, 파이를 더 키울 수 있으며, 커진 파이는 누구도 독점할 수 없기에 공정하게 배분된다. 그러나 소비시장이 마술 상자로 작동하기 위해서는, 소비시장을 누구에게 빼앗겨서도, 독점되어서도 안 된다는 것이다.

도둑을 맞았으면 되찾으면 된다. 대형 유통점에서 불매운동, 지역상점 이용하기 등 어떤 방법을 동원하든 소비시장을 되찾아야 한다. 본래부터 내 것인 것을 내가 되찾겠다는 데 누가 시비 걸고 방해하겠는가. '소비시장 되찾기'의 중요성에 비하면 예산확보나 기업유치는 하찮은 것에 지나지 않는다.

비상하는 중국의 가장 큰 시장은 미국이다. 중국은 거대한 양의 상품을 미국에 팔아먹고 떼돈을 벌고 있다. 그 대신 중국은 싼 이자로 거대한 돈(미국 국체 매입)을 미국에 빌려주고 있다. 이것은 미국에 대한 상도의이기도 하지만 무역 불균형에 대한 미국의 불만을 의식한 중국 고도의 상술이 아닌지도 모른다.

이렇듯 세계경제는 서로 싸우고 죽도록 경쟁하지만, '보이지 않는 손'에 의해 기막힌 균형이, 아니 돈의 순환이 유지되고 있는 것이다.

그러나 우리나라 지역경제에서는 '보이지 않는 손'도 작동되지 않는다. 오직 대형 유통자본의 탐욕과 독식만 작동될 뿐이다. 거대 유통권력은 상도의는커녕 앞뒤 가리지 않고 지역경제를 송두리째 집어삼키고 있다. 막대한 '이익'뿐만 아니라 지역의 '종잣돈'까지 싹쓸이하고 있다. 약탈해 간 돈은 어떤 형태로든, 지역경제에 돌려주어야 마땅하다. 자신들의 미래를 위해서도.

자본주의의 초년생인 중국도, 미국의 눈치를 보며, 아니 세계경제 질서를 깨지 않기 위해, 벌어들인 돈을 다시 돌려주고 있지 않는가. 지역경제 시각에서 보면, 대형 유통자본의 '폭리'는 용서될 수 있어도, 돈의 '독점(유출)'은 용서될 수 없다. 거대 유통권력의 돈 독점이 계속되는 한 지역경제의 빈곤과 양극화는 끊임없이 재생산될 것이다. 경제는 순환이다.

대형 유통권력은 지역의 소비시장을 사실상 거의 독점했다. 더 이상의 야만적 노략질은 그만 중단되어야 한다. 그들의 약탈이 계속되는 한 지역경제는 이제 존립의 임계점을 넘어서는 것이며, 지역경제는 서서히 죽어 갈 수밖에 없을 것이다. 그러나 지역경제가 무너지고 망하면 그들은 어디 가서 물건을 팔아먹을 것인가? 공존의 길을 스스로 열어야 할 것이다.

눈앞의 이익에만 급급해서야 글로벌 기업이라 할 수 있겠는가. 누구 덕이든, 글로벌 기업으로 성장했으면 미래를 향한 전략도 바뀌어야. 지역의 마지막 남은 골목시장까지 먹어치워야 직성이 풀린 것인가? 그것은 지역경제를 파괴하는 행위이며, 상도의를 외면한 야비한 전략이 아닐 수 없다.

국내 제일의 유통 제국인 홈플러스는 원래 영국의 테스코가 주인이었다. 폭풍 성장한 한국의 테스코는 한국의 지역경제가 서서히 죽어가고 있으며, 더 이상의 약탈은 무리라고 판단해서일까? 13년 만에 적자를 내자, 테스코는 홈플러스를 매각(2015년), 미련 없이 한국을 떠났다.

한국의 지역경제를 꿰뚫은 그들의 통찰력은 현미경보다 정확하고 칼날처럼 예리했다. 그들이 떠난 뒤 대형슈퍼, 대형할인점 등은 매출은 줄고 수익은 정체되면서, 전국의 대형마트 수는 줄어들기 시작했다.

국내 자영업자 수는 약 600만 명으로 전체 경제활동인구의 약 25%이지만. 지역경제 시각에서 보면, 자영업은 지역경제의 30-40%를 떠받치고 있다. 지역경제의 기둥인 자영업, 전통시장, 골목상가는 온갖 노력과 분투에도 불구하고 치명적인 생계의 위협에 직면하고 있다. 생계 위협을 받는 것은 머리 뒤통수에 총이 겨누어진 상황과 같다.

노동자의 총파업, 즉 노동을 중지하면 모든 힘은 노동자에게 돌아올 것이라고 맑스는 생각했다. 소비자의 불매운동, 즉 구매를 중지하면 모든 힘은 소비자에게 돌아올 것이다. 불매운동은 지역경제를 살리기 위한 최후의 수단이다. 자영업자도, 시민도, 지방정부도 모두 소비자다. 이들이 불매운동을 연대하면, 어떤 거대한 유통자본도 지역에서 내쫓기지 않을 수 있겠는가.

더 이상 탐욕과 야욕을 멈추고, 대형 유통권력은 상생의 길을 찾아 나서야 한다. 자연은 언제까지나 포식성이 강한 공룡들만 살도록 내버려 두지 않는다. 자영업, 전통시장, 동네 가게들과의 공존의 지혜를 찾아야 한다. 절대 독점은 그들의 성장 기반인 지역경제를 절대 죽일 것이다. 거대 유통권력이여, 소비시장을 지역경제에 돌려주라.

제2장

지역경제 어떻게 살릴 것인가?

돈이 사람을 잘나게 만들고
돈이 사람을 유식하게 만들고
돈이 죄악을 숨겨주고
돈이 남들의 부러움을 사고
돈이 탐스런 여자를 대령하고
돈이 영혼을 천국으로 보내주고
돈이 보잘것없는 사람을 고상하게 만들고
돈이 원수를 땅에 쓰러뜨리지

그러니 돈이 없으면 패가망신이요
세상만사는 돈으로 돌아가지
돈만 있으면 천국도 갈 수 있으니
현명한 자들이여, 그것을 비축하라
미덕 이상의 돈은 슬픔도 물리치리라!

-14세기 이탈리아 풍자시-

1

왜 지방정부는 예산(돈)을 팔아먹을까?

지역경제는 절박하다. 아니 서민경제는 칼날 위에 서 있다. 그런데 왜, 지방정부는 서울로 흘러 유출되는 돈을 막지도, 막을 생각도 하지 않을까? 돈 저수지, 돈 둥벙을 만들면, 돈 유출을 막을 수도 줄일 수 있는데도 말이다. 신협, 새마을금고, 저축은행이 돈 저수지이고 돈 둥벙이 아닌가? 하지만 지역 관료와 정치인들은 그저 하찮은 서민금융업이라고만 생각할 뿐, 돈이 모이는 저수지, 아니 돈 저장소라는 상상은 하지 못한다.

상상은 지식보다 중요하다. 지식은 한계가 있지만, 상상은 세상의 모든 것을 끌어안기 때문이다.

-알베르트 아인슈타인-

무엇인가 보이지 않지만 세상을 움직이는 이치가 있듯이, 지역경제가 잘 돌아가지 않으면 분명 그 이유가 있을 것이다. 하지만 모두가 그 원인을 잘 모를 뿐만 아니라 알려고도 하지 않는다. 아니 모든 것이 뒤엉켜 복잡하게 돌아가고 있으니 지역 관료와 정치인들의 눈에 잘 보이지 않는 것인지 모른다. 아니면 보고 싶지 않는 불편한 진실인지 모른다.

지역경제 어려움의 본질은 돈의 결핍이다. 돈의 부족은 매우 파괴적이고 매우 구조적이다. 그래서 돈 가뭄이 계속된다. 물론 돈이 부족하다고 하지만 부자들이 찾는 백화점, 대형쇼핑몰에는 항상 사람이 붐비고 돈이 넘쳐난다. 불황을 모르는 듯 착각하게 만든다. 하지만 지역경제를 움직이는 서민경제의 기둥인 자영업, 전통시장에는 항상 돈이 말라 있고, 그래서 거래와 소비가 부진하고, 매출은 줄고 빚만 쌓이면서 불황의 골은 깊어만 간다.

그러나 지역관료와 정치인들은 돈의 결핍은 어쩔 수 없는, 아니 스스로 해결할 수 없는 요인으로 간주한다. 다시 말해 돈의 서울 집중으로 지역에 돈의 부족은 당연하다는 논리다. 지방정부의 책임은 아니라는 얘기다. 그래서 지방정부는 돈의 유출을 막으려는 노력은커녕 관심도 없다.

농경사회에서 가장 중요한 것은 물이었다. 물만 풍부하면 농사를 짓고 먹고사는 데 문제가 없었다. 부지런하면 더 많은 곡식을 저장하고, 가뭄에 대비할 수 있었다. 그래서 사람들은 강 주위로 몰려들었고, 마을을 형성했다. 그러나 긴 가뭄으로 강물이 마르면 사람들은 물을 찾아 다른 곳으로 옮겨 가야 했다.

산업사회가 되면서 돈이 가장 중요한 것이 되었다. 돈이 모이는 곳에 사람들이 몰려들고, 돈이 많은 곳에서 장사하기도, 창업하기도 쉽고, 일자기를 구하기도 쉽기 때문이다. 돈이 모여드는 서울에 사람이 몰려드는 것은 당연한 이치다. 아이디어가 많은 사람, 창의적인 청년들, 일자리 찾는 사람, 돈 많은 투기꾼조차 서울로 몰려든다. 서울에 모인 돈은 지방으로 선순환하지 않으며, 서울에서만 돌고 돈다. 그래서 서울은 항상 돈이 넘치고, 돈이 많을수록 집값, 땅값, 아니 사람값도 올라간다. 그럴수록 사람들이 서울로 몰려든다.

서울권을 벗어난 지역은 항상 돈의 결핍에 시달릴 수밖에 없는 구조다. 돈의 선순환이 서울권의 높은 벽에 막히면서, 지방의 돈 기근은 더욱 심화되고, 돈이 고갈될수록 불황과 경제 위기는 불가피해진다. 돈은 '양'보다 '순환'이 중요하다. 그것은 경제의 기본원리다

지역경제 관점에서 보면 중요한 것이 하나 더 있다. 지역에서 유통되는 총통화량 중 '이자가 붙은' 돈과 '이자가 붙지 않는' 돈의 비율이다. '이자가 붙지 않는'의 비율이 높을수록 지역경제가 건전하다고 말할 수 있다. 하지만 빚이 많은 가정이 이자 부담 때문에 어려워지듯이 '이자가 붙는' 돈의 비율이 높을수록 이자 부담이 커지기 때문에 그만큼 지역경제가 어려워진다.

돈은 이자가 붙어야 창출된다. 봉급자가 받는 월급은 이자가 붙지 않는 돈이다. 하지만 누군가 이자를 내고 대출받은 돈의 일부일 것이다. 세상의 어떤 돈도, 아니 당신의 호주머니에 들어 있는 돈도 당신이 이자를 내지 않는다면, 어느 누군가가 이자를 내고 있을 것이다.

'이자를 내지 않는' 돈의 유통량이 많을수록 지역경제의 생산성과 효율을 높이지만, '이자를 내는' 돈의 유통량이 많아도, 그 돈이 지역에서 잘 순환하면 문제될 것은 없다. 빚도 자산이기 때문이다. 다시

말해 이자가 붙든, 안 붙든 돈이 잘 순환하면 지역경제에 기여한다는 것이다.

하지만 이자를 내야 하는 돈(원금)이 서울로 유출된다면 그것은 지역경제에 치명적인 부담을 줄 것이다. 왜냐하면 막대한 이자는 지역경제가 부담해야 하고 서울로 유출된 돈은 서울 경제에 기여하기 때문이다. 재주는 곰이 부리고 수익은 서울이 챙기는 꼴이 아닌가?

지역경제가 어려운 대구시의 예를 들어 보자. 대구에는 27만여 개의 자영업이 있다. 통계청에 의하면, 우리나라 자영업자 평균 부채가 1억 원이고, 그러면 대구 자영업자 전체 빚은 27조 원이며, 이자율이 연 10%로만 계산해도 2조 7천억 원의 엄청난 이자다. 누가 대출을 받았든, 그 이자는 대구경제가 지불해야만 한다는 것이다.

그러나 더욱 파괴적인 것은 그들의 부채(원금)의 대부분이 서울로 유출되었을 경우이다. 그럴 경우, 2조 7천억 원의 이자는 대구경제가 부담하고, 유출된 돈은 서울경제를 위해 일한다는 것이다. 이 소름끼치는 현실을 외면하고 대구 경제가 잘 돌아갈 수 있겠는가?

어떻든, 우리 지역경제는 회복할 수 없을 만큼 너무 척박한 환경에 놓여 있다. 그럴수록 지방정부는 예산 확보에 맹렬히 목을 건다. 예산보다 확실한, 눈에 쏙 들어오는 자원은 없다고 생각하기 때문일 것이다. 그래서 더 많은 예산을 확보하기 위해 수단 방법을 가리지 않으며, 지역의 모든 지혜와 역량을 총동원한다. 하지만 예산확보에만 모든 역량을 쏟아붓다 보면, 지역의 창의력과 혁신역량은 치명적으로 줄어든다. 인간의 정신적 능력은 한정되어 있기 때문이다.

더 아이러니한 것은 한 번 확보된 예산이 결정된 후부터는 예산에 대한 관심이 시들해진다는 것이다. 예산 확보 전까지는 그렇게 공격적이지만, 예산이 확정된 순간부터는 어떻게 효율적으로 사용할지 고민은커녕 별 관심조차 없다. 이미 확보된 예산은 어디서 굴러들어온 공짜 돈이라고 생각하는 것은 아닐까?

맞다, 그렇다. 예산은 공짜 돈이다. 이자를 낼 필요도 없으며, 갚을 필요도 없는 돈이다. 진짜 공짜 돈이 아닌가? '이자가 붙어야 돈이 창출된다.'라는 관점에서 보면 말이다. 그러나 예산은 국민들이 피땀 흘려 세금으로 낸 귀중한 돈이다. 그래서 예산을 공짜 돈처럼 헤프게 쓰지 않을까 국민들은 걱정하고, 언론은 감시하지 않는가.

경제가 성장할수록 매년 지방정부의 예산규모도 커진다. 서울시 예산규모는 무려 40조 원을 넘고, 대구는 10조 원, 전남은 7조 원, 인구 10만 명 미만의 군단위도 몇 천억 원은 넘는다. 엄청난 규모다. 문제는 지방정부가 이 엄청난 규모의 예산을 어떻게 생각하고, 어떻게 다루고, 어떻게 활용할 것인가? 이것이 지역경제 살리기의 핵심 과제일 수 있다. 하지만 지방정부는 이미 확정된 사업을 위해 예산을 낭비 없이 얼마나 효율적으로 사용할 것인가에만 골똘할 뿐, 더 이상의 상상력은 발휘하지 못한다.

그렇다고 지방정부가 손을 놓고 있는 것은 아니다. 매년 대형은행을 상대로 예산을 경쟁 입찰에 부쳐 추가 수익(예산)을 확보한다. 하지만 입찰에 성공한 은행은 그야말로 대박이다. 거래 상대가 대박이면 다른 한쪽은 쪽박이란 의미인가? 아니다. 확보된 예산은 이자는커녕 갚을 필요 없는 공짜 돈이 아닌가? 그래서 어떻든 지방정부도 추가 수익을 챙기게 되어 있다. 누이 좋고 매부 좋은 거래가 성사된 셈이다.

누이 좋고 매부 좋은 거래의 본질을 한번 살펴보자. 더 높은 예금이자, 더 많은 지원금, 더 많은 기부금을 제시한 은행이 경쟁을 통해 선정되면, 그 은행에 예산의 전액을 통째 맡긴다. 바꿔 말하면 선정된 은행은 타 경쟁은행에 비해 예금유치 비용을 더 많이 지불했다는 의미다.

더 많은 유치 비용을 지불한 만큼 더 많은 수익원을 찾아, 더 높은 대출이자를 부담할 고객을 찾아 지역을 떠나든지, 아니면 더 높은 이자 부담은 지역 소비자가 지게 될 것이다. 지방정부의 의도치 않는 결과가 확산되고, 지역경제가 더욱 어려워질 수 있다.

벼랑 끝에 서야 비상을 꿈꾸는 것이 인간의 본성이다. 지역경제는 지금 벼랑 끝에 서 있다. 지역의 고질병인 '돈의 결핍'을 해결할 창조적 수단으로, 지방정부는 왜 예산을 생각해 내지 못하는 것일까?

농경사회에서는 물이 목숨보다 중요했다. 그래서 가뭄에 대비해 흘러가는 강물을 막과 둑을 쌓고 저수지와 둥병을 만들어 물을 저장하려는 노력을 밤낮 없이 계속했다. 물은 그만큼 절박했다. 굶어 죽지 않기 위해 그랬다.

지역경제는 절박하다. 아니 서민경제는 칼날 위에 서 있다. 그런데 왜, 지방정부는 서울로 흘러 유출되는 돈을 막지도, 막을 생각도 하지 않을까? 돈 저수지, 돈 둥병을 만들면, 돈 유출을 막을 수도 줄일 수 있는데도 말이다. 신협, 새마을금고, 저축은행이 돈 저수지이고 돈 둥병이 아닌가? 하지만 지역관료와 정치인들은 그저 하찮은 서민금융업이라고만 생각할 뿐, 돈이 모이는 저수지, 아니 돈 저장소라는 상상은 하지 못한다.

대형은행에 익숙한 관료와 정치인들의 눈에는 신협. 새마을금고 등 서민금고는 너무 영세하고 적어 하찮은 전당포쯤으로 무시하는지 모른다. 중세기에 무시하고 천시받은 유태인의 대금업이 성장해 오늘날 세계 금융시장을 움직이고 있지 않는가? 그때의 대금업이나 지금의 신협이나 새마을금고, 아니 대형은행이나 이자 먹고사는 똑같은 돈장사가 아닌가?

돈 장사의 핵심은 돈(예금) 유치 능력이다. 예금만 많이 유치하면 하루아침에 대형은행이 될 수도 있다. 중세기 대금업의 예금주는 성직자였고, 차입자는 통치자들이었다. 금욕생활을 하는 성직자는 돈(급여)을 쓸 곳이 없어 만성 예금주였고, 전쟁이나 사치를 위해 돈을 뿌리는 통치자는 만성 차입자였다. 이렇게 돈이 도는 시스템을 간파한 대금업자들은 땅 짚고 헤엄치듯 쉽게 큰돈을 벌 수 있었다.

그렇다면 이런 생각과 발상은 어떨까?

지방정부가 예산(돈)을 대형은행에 통째로 맡길 것이 아니라, 지역의 크고 적은 수많은 서민금융기관들에 나누어 예금해 주면 어떨까? 대형은행은 지역경제보다 자신들의 이익 극대화를 위해 사용하겠지만, 서민금융업자들은 선물처럼 받은 예금을 지역의 자영업, 소상공인, 급전이 필요한 서민들에게 싼 이자로 돈을 빌려주면서 돈을 벌 것이다.

지방정부에서 서민금고로, 서민금고에서 자영업 등 풀뿌리경제로, 금융 소비자로 순환하는 돈의 시스템이 만들어지면, 지역경제에 어떤 변화를 가져다줄까? 돈의 외부(서울) 유출은 당장 줄기 시작하고, 돈은 풍족해지고 돈의 순환은 원활해지고 지역경제는 빠르게 회복할 것이 자명하다.

지방정부의 예산은 큰 금액일 수 있고, 적은 금액일 수 있다. 그 액수는 지역에서 유통되는 총통화량 중 일부일 뿐이다. 하지만 규모가 크든 적든 중요치 않다. 적은 돈(예산)이라도 원활히 순화하면 돈 부족은 바로 해소되고 풀뿌리경제는 아니 지역경제는 오뚝이처럼 일어설 것이다.

사용 용도가 정해져 있지만. 지방정부가 확보한 예산은 지역시민 공동의 자산이며 공동으로 누려야 할 부의 원천이 아닌가? 그런데도 지역의 서민금융업 아니 자영업, 소상공인들은 외면한 채, 예산을 통째로 대형은행에 몰아주고 있다. 이런 행위는 과연 옳고 정당한 것인가? 아니면 지역경제에 대한 반동인가.

그들에게서 받은 높은 예금이자. 더 많은 지원금, 더 많은 기부금이 지역경제를 살리는 데 얼마나 기여할 수 있겠는가? 새발 피에 그칠 것이 너무 뻔하지 않는가?

지방정부의 전략적 자선(?)으로 보다 많은 예금을 확보한 지역의 서민금융업자들은 귀중한 예금을 외부로 유출시키지 않을 것이며, 지방정부의 공신력에 힘입어 더 많은 예금을 확보, 더 많은 자금을 지역의 풀뿌리를 넘어 중소기업까지도 더 싼 이자로 자금을 공급하게 될 것이다. 싼 이자 덕에 빚과 고금리의 고통과 압박에서 벗어난 자영업, 전통시장은 자생력을 확보할 것이며, 사업자이면서 또한 넉넉한 소비자로 재탄생, 지역경제를 견인하는 훌륭한 경제 주체가 될 것이다.

혁신과 개혁의 파괴력이 크면 클수록 반드시 크고 작은 어렵고, 상식을 뛰어 넘는 문제를 동반한다. 한두 가지가 아닐 것이다. 그 많은 서민금고를 어떻게 신설하고 육성하고 관리하고 감독할 것인가. 필연적인 금융 부실과 사고를 어떻게 막을 것인가. 지역금융 규모의 효율성을 극대화하기 위해서는 더 많은 서민금고가 만들어져야 할지 모른다. 과연 그것이 가능할까. 아니 모두가 나서 새로운 혁신과 발상 그 자체를 반대할지 모른다. 그러면 포기해야 할 것인가?

우리는 더 이상 예전처럼 고도성장의 환상 속에 살 수 없는데도 여전히 그 시대의 타성과 관성에 젖어 살고 있다. 그때는 돈의 결핍도 없었고 돈의 순환도 빨랐다. 그래서 경제가 고도성장한 것이다.

그러나 지금은 '돈의 결핍'과 '순환하지 않는 돈'이 지역의 경제적, 사회적 재앙이 되고 있다. 빈곤과 청년실업, 소득격차, 양극화, 불평등을 낳기 때문이다. 고도성장이 끝나면서 상상 못했던 것들이 상식으로 자리 잡아 가고 있다,

주어진 예산이 본래의 목적을 훌륭히 수행하면서, 또 다른 목적, 즉 '돈의 결핍'과 '순환하지 않는 돈'의 문제를 해결하는 창조적 수단으로 활용하자는 전략적 사고와 명분을 누구도 반대하지도, 반대할 수도

없을 것이다.

예산의 절대 금액은 지역에서 유통되는 총통화량의 일부일 뿐이다. 하지만 적은 돈(예산)이라도 원활히 순환하면 돈은 풍족해지고, 농경시대 물을 찾아 사람들이 몰려들듯이, 창의적인 젊은 청년들, 아이디어가 번뜩이는 사업가들, 벤처기업, 스타트업들, 뿐만 아니라 일자리를 찾아 사람들이 구름처럼 몰려들 것이다. 기업유치를 위해, 아니 인구를 늘리기 위해 행정력을 허비할 필요도 없으며 모두가 제 발로 떼지어 들어 올 것이다.

지방정부는 주어진 예산(돈)을 지역금융 활성화와 돈 결핍을 해소하는 마중물로 활용하는 지혜와 창의력을 발휘하자는 것이다.

2

4차 산업혁명과 4모작경제

지역의 소비 자원의 활용을 극대화하는 4모작경제는 본질적으로 지역의 자연과 환경을 파괴하지도, 오염시키지 않으며, 지속가능한 경제를 촉진하고, 빈곤과 양극화를 해소하고, 소득의 공정한 분배가 구조적으로 이루어질 것이며, 상생과 공존의 더불어 사는 지역경제가 구현될 것이다.

이곳 지구에서 우리가 처한 상황은 묘하다. 때로는 신성한 목적이 있는 것처럼 보이기도 하지만, 모두가 이유도 모른 채 잠시 이곳에 머물다 갈 뿐이다. 그런데 일상적인 삶의 관점에서 우리가 아는 한 가지 있다면, 우리가 다른 사람들을 위해 여기에 존재한다는 것이다.

-알베르트 아인슈타인-

세계 최대 쌀 수출국인 태국과 베트남은 사계절 따뜻한 기후로 '4모작농사'도 가능하지만 관계시설 부족으로 '2모작농사'만으로도 농산물 수출에 크게 기여를 하면서, 국민들의 먹고사는 문제를 해결해 주고 있다. 인간은 누구나 주어진 환경을 활용해 잘 살려고 하는 열망과 능력을 가지고 있다. 하지만 우리의 지역경제는 '4모작경제'도 가능하지만 '2모작'은커녕 '1모작경제'도 제대로 못 짓고 있다.

자원이 절대 부족한 지역경제에서 '소비'보다 더 훌륭한 자원이 있을까? '공기' 없이 살 수 없듯이 인간은 '소비' 없이 살 수 없으며, 지역공동체 구성원들이 살아가는 것만으로 '소비'를 끊임없이 생산하고 있다. 하지만 '소비' 자원은 지역경제를 외면한 채 대형 유통자본의 성장 에너지로만 작동하고 있다. 다시 말해 '소비' 자원이 지역 상점을 배신하고 대형 유통점에서 일회용 물티슈처럼 낭비되고 있다는 것이다. 이 얼마나 치명적인 자원의 낭비인가?

다른 소유물과 달리 '소비'는 지역공동체가 존재하는 한 지역경제와 분리될 수 없으며 떼려야 뗄 수 없는 관계인 것이다. '소비' 자원이 지역경제를 위해 어떻게 효과적으로 활용할 것인지는 자원이 부족한 지역경제에서 핵심 과제가 아닐 수 없다. 그동안 '소비' 자원이 대형 유통권력에 의해 지역경제의 착취와 약탈의 매개체 역할을 해 왔음을 뼈저리게 깨닫고, 이제 '소비' 자원이 지역경제의 동반자로서 지역경제 살리기의 핵심 도구로 작동할 수 있는 새로운 지역경제시스템이 필요하다.

지역경제가 놓치고 있는 치명적인 잘못은 '소비' 자원을 너무 우습게 본다는 것이다. 석유 자원은 사용할수록 고갈되는 유한자원이지만, 소비 자원은 사용할수록 불어나는 무한자원이다. 하지만 지역 관료와 정치인들은 소비 자원의 위대함을 깨닫기는커녕 '소비'가 자원인지조차 모른다. '소비' 자원만 잘 활용해도 어떤 위기의 지역경제도 팡팡 잘 돌아갈 수 있을 것이다.

현대 자본주의 성장 동력은 '소비'이다. 미국의 소비자가 세계경제를 견인하는 엔진이라고 하지 않는가? 하지만 앞으로는 중국의 소비시장이 세계경제를 견인하는 원동력이 될지 모른다. 소비시장의 규모는 '인구수'와 '개인소득'의 크기에 의해 결정되기 때문이다.

결론부터 말하면 4모작경제란 지역의 '소비' 자원을 극대화, 성장 동력으로 활용하여 지역 자원의 한계를 극복하는 전략이다. 무한 성장을 요구하는 지금의 경제시스템은 지속불가능하며, 쓸 수 있는 연료를 다 사용해 점점 타오르는 모닥불과 같다. 연료는 한정되어 있는데 불길이 계속 타오를 수 있을까?

'4차 산업혁명'은 인공지능, 사물인터넷, 지능로봇 등 차세대 핵심 산업으로, 산업 간 융·통합을 촉진하고 국가 경제의 질적인 성장을 견인하며, 새로운 종류의 창업과 새로운 종류의 일자리를 창출하겠지만, 고도의 기술력과 막대한 자본, 뛰어난 인재들의 뒷받침 없이는 한 걸음도 나갈 수 없다.

하지만 지역의 관료와 정치인들은 4차 산업혁명을 들먹이며, 지역경제의 성장 동력으로 해야 한다는 과욕과 허세를 부린다. 지역에는 그럴 만한 인재도, 자본도, 기술도 턱없이 부족한데도 말이다. 뛰어난 인재는커녕 젊은 청년들마저 도망치듯 서울로 빠져나가고 있지 않는가. 지역경제의 목표는 맹목적인 성장이 아니라 빈곤과 양극화 해소, 소득 재분배가 핵심 과제이며, 지역경제에서 그보다 더 중요한 것은 없다.

'소비'를 전략적 자원으로 활용하는 '4모작경제'는 지역 순환경제의 토대를 구축, 자원 부족과 한계를 극복하는 전략으로, 지역 주민들의 먹고사는 문제를 넘어, 갈수록 심각해지는 빈곤과 청년실업, 소득격차, 양극화 등을 해소할 수 있는 최선의 전략이며, 그런 점에서 고도성장을 추구하는 '4차 산업혁명'과는 차별화되는 정책이며, 전략이다.

4모작경제 구축에는 두 가지 방법이 있다. 하나는 정신 개혁이고 다른 하나는 시스템 개혁이다. 정신 개혁이란 사람들의 경제적 사고와 습관을 바꾸는 것이다. '대형 유통점'에서의 구매습관을 '지역 상점'에서의 구매습관으로 의식과 행동을 바꾸는 것이다. 하지만 쾌적한 환경과 주차장이 완비된 대형슈퍼에서의 쇼핑에 익숙해진 소비자들의 마음과 태도를 바꾸는 것은 생각보다 훨씬 어렵다.

우리는 지역공동체의 회복을 갈망한다. 경제가 지역화될수록 주민들의 자율성과 유대감, 연대의식이 강화되고 지역공동체를 복원시킬 수 있다. '지역 상점 이용하기'와 같은 캠페인이 지역경제 활성화뿐만 아니라 주민들의 유대감과 연대의식 강화에 기여할 수 있을 것이다.

지방정부가 적극적으로 '지역 상점 이용하기' 캠페인을 벌인다면, 우리 안에 잠재된 애향심을 일깨울 것이다. 애향심은 인간의 타고난 본성이다. 아니 '애향 소비' 역시 타고난 본성이다. '지역 상점 이용하기' 캠페인은 애향 소비를 베풀고자하는 억누를 수 없는 욕구를 해방시킬 것이다. 이 캠페인은 매우 현실적인 지역경제 살리기 운동이며, 1970년대 '국산품 애용운동'과 맥을 같이한다.

어떻든, 이 캠페인이 성과를 거두면, 주민들이 지역 상점에서 물건을 구매하는 주민들이 늘어나기 시작하고, 매출이 증가하면 상인들의 자세와 태도에도 변화가 생길 것이다. 상점의 외부 환경을 멋있게 꾸미고, 내부는 소비자를 위한 상품 진열과 다양한 상품, 깨끗한 환경, 밝은 조명 등으로 활기찬 변화를 보일 것이다. 매출이 꾸준히 늘고, 구매력은 더욱 커질 것이다.

돈 주인이 바뀌면 바뀔수록 구매력이 커진다. 하루에 두 번 주인을 바꾸는 돈은 하루에 한 번밖에 주인을 바꾸지 않는 돈보다 구매력이 2배 이상 커진다. 하루에 두 번이 아니라 한 달에 돈 주인이 4번만 바뀌어도 4모작경제가 가능하지 않겠는가,

또 다른 시스템 개혁이란 '지역화폐'('대여 상품권' 참조)을 창출하는 방법이다. 지역화폐는, 지역공동체 밖으로 빠져나갈 수 없으며, 지역 상점만 찾아다니며 그들의 매출을 끌어올린다. 대형슈퍼에도 편의점에도 들어갈 수 없으며, 은행에 예금할 수도 없다. 쌓아 두지 않고 맹렬한 기세로 순환하는 지역화폐는 순환하는 만큼 신규 거래를 창조해 낸다. 일만 원권 지역 화폐가 10회전하면 10만 원의 매출을 창출할 수 있다. 지역 화폐가 없다면 신규 거래는 발생하지 않을 것이다.

지역화폐는 거래와 소비를 기하급수적으로 키우는 최첨단 도구다. 지역화폐를 창출하면, 일 년이 아니라 한 달 만에도 4모작경제가 가능할 수 있다. 지역화폐는 '소비' 자원을 양육하고 키우는 마법의 도구다. 지역화폐의 위대함은 바로 여기에 있다.

하지만, 생각이 바뀌고 태도와 행동이 바뀔 때까지 기다리기에는 지역경제가 너무 어렵고 절박하다. 신속히 지역화폐를 창출, 4모작경제를 구축해 경제를 살려야 하지 않겠는가. 사람들의 애향심을 바라고만 있을 수 없다. 제도와 시스템을 활용하는 것이 보다 빠르고 확실하게 4모작경제를 구현할 수 있을 것이다.

오랜 성장 문화에 길들여진 사람들은, 이자가 붙지 않는 지역화폐를, 물건 교환을 위한 수단일 뿐, 별 가치 없는 돈이라고 폄하하고, 심지어 장난감 돈이라고 무시한다. 하지만 그런 그릇된 인식이 바로 돈의 순환을 촉진시키는 힘으로 작용하며, 돈이 빠르게 순환할수록 죽어 가는 자영업, 전통시장 등 풀뿌리경제는 당장 되살아날 것이다.

지역화폐는 단순한 교환수단의 역할을 넘어 소비와 생산을 연결 공장을 돌아가게 하고 일자리를 만들어 내는 역동적인 힘을 발휘한다. 자본주의 시장이야말로 지역화폐가 절실히 필요한지 모른다. 즉 저축할 수 없는 돈이 자본주의 시스템과 배치되는 것이 아니라 자본주의를 잘 돌아가도록 윤활유 역할을 할 수 있다는 의미다.

가난과 추위로 대다수 국민이 먹고살기 힘들 때에는 효율과 물질적 풍요를 위해 인간이 짐짝처럼 취급당해도 어느 정도 용인될 수 있을지 모른다. 하지만 이제 우리는 국민소득 3만 달러가 넘었으며, 먹고사는 문제가 해결되었다. 그러나 먹고사는 문제가 해결된 다음부터는 성장과 소득 향상만으로 국민의 행복지수를 높이기는 무척 어렵다. 특히 지역경제에서는 성장이 아니라 분배와 양극화 해소를 통해 행복지수를 끌어올리는 것이 더 중요하다.

하지만 정치인, 경제학자들은 입만 열면 자원의 효율적 이용과 생산성을 강조한다. 그래야 한정된 자원으로 더 많은 것을 생산할 수 있고, 더 큰 경제 성장이 가능해지고 소득이 늘어나면 행복은 저절로 굴러들어온다고 주장한다.

경제적 환경이 급변하고 있다. 한정된 자원마저 무서운 속도로 고갈되고 있다. 경제 성장의 지속 여부는 자원을 계속 발굴하고 개발할 수 있느냐에 달려 있다. 그러나 심각한 것은 자원이 고갈될수록 개발과 채취가 점점 더 어려워지고 고통스러워진다는 것이다. 다시 말해 무차별적 과격한 자원의 개발은 더욱 심각한 자연과 환경의 파괴를 불러오고, 고갈되고 오염되는 세계에서 인간의 건강이 버틸 수 있는 한계에 이르렀다는 것이다.

기술의 의도치 않는 결과가 확산되고 공동체와 건강과 자연의 생태적 기반이 무너지고 있다. 삶의 토대가 무너지고 있는 상황에서 자연과 환경을 황폐화시키며 성장을 지속해야 할 것인가?

4차 산업혁명이 그 대안으로 떠오르는지 모른다. 인공지능을 기반한 4차 산업혁명이 자원의 부족을 해결하고, 자연과 환경의 훼손을 방어하고 늦출지 모르지만, 인간의 정신세계에 어떤 치명적인 화를 불러올지 예측할 수 없다. 또한 산업과 기술이 고도화될수록, 자본의 구성이 고도화될수록, 돈이 디지털화될수록 소득격차, 양극화, 불평등을 더욱 심화시킬 것이다. 그러함에도 세계 경제 강국과 경쟁해야 하고, 국가 GDP를 높이기 위해 '4차 산업혁명'이 국가경제의 핵심 전략이 되어야 한다고 주장한다.

하지만 지역경제에서 가장 중요한 것은 4차 산업혁명도, 대기업도 아니며, 자영업 등 풀뿌리경제를 되살려 '분수경제'를 구축하는 것이며, 빈곤과 양극화, 불평등을 해소하는 것이다. 대기업에 무조건 목을 거는 '낙수경제'는 이미 수명을 다했다.

'4차산업혁명'은 막대한 자본 투자가 필요하고, 열매를 맺고 성과를 얻기까지는 시간이 많이 걸릴지 모른다. 하지만 '4모작경제'는 막대한 투자는커녕 예산도 필요 없으며 보다 짧은 기간에 아니 빠르면 1-2년 내에 지역경제를 일으켜 세울 수 있는 확실한 전략이다.

지역의 소비 자원의 활용을 극대화하는 4모작경제는 본질적으로 지역의 자연과 환경을 파괴하지도, 오염시키지 않으며, 지속가능한 경제를 촉진하고, 빈곤과 양극화를 해소하고, 소득의 공정한 분배가 구조적으로 이루어질 것이며, 상생과 공존의 더불어 사는 지역경제가 구현될 것이다.

그렇다고 무조건 4차산업 혁명을 배척하자는 것이 아니라 4모작경제와 순환경제가 충분히 성숙하고 풀뿌리경제가 자생력을 회복하고, 창조와 혁신, 융합이 이루어지면 자연스럽게 4차 산업혁명의 진입이 가능해질 수 있을 것이다.

소비를 양육하고 키우는 4모작경제가 구축되면 젊은 청년들, 벤처기업, 스타트업, 중소기업이 몰려들고, 첨단기업도 고도의 기술과 인재를 모시고 제 발로 걸어 들어올 것이다. 둥벙을 파놓으면 피라미, 붕어, 미꾸라지, 매기, 아니 나비, 잠자리가 찾아들 듯이 말이다.

하지만 한 번 사용하고 물티슈처럼 폐기되는 국가화폐로는 어렵다. 물수건처럼 몇 번이고 재사용할 수 있는 지역화폐가 창출되어야 '4모작경제'를 구현할 수 있을 것이다.

3

'지역경제 살리기'의 본질은 돈의 '순환'이다

세계경제든 국가경제든 경제가 어려워지면 약속이나 하듯, 아니 무조건 돈을 찍어 낸다. 더 이상 경기부양 정책은 없다는 듯이 말이다. 하지만 시간이 경과할수록 돈은 투기와 자산 투자에만 몰릴 뿐, 쳇바퀴 돌 듯 또다시 돈을 찍어 내야만 경제가 돌아간다.
돈은 이자가 붙는 빚으로 창출된다. 그래서 돈을 찍어 낼수록 빚은 더 빠른 속도로 증가하고, 빚이 증가할수록 양극화와 불평등을 심화시키고, 금융 위기와 경제 위기는 필연적이다.

우리는 자신에게 유익하면 세상에도 유익하다는 가정하에 살아왔지만, 그것은 잘못된 가정이었다. 세상에 유익해야 우리 자신에게도 유익하다는 반대의 가정하에 살 수 있도록 삶을 바꾸어야 한다. 그러려면 세상을 알고, 무엇이 세상에 유익한지 알려는 노력이 필요하다.

-웬델 베리-

지역경제는 항상 어렵다. 하지만 왜 지역경제가 어려운지 조차도 모른다고 이야기하면, 지역의 관료와 정치인들은 펄쩍 뛴다. 그렇다면 왜 지역경제가 어려운지, 원인은 무엇인지 한번 솔직하게 이야기해 보자. 빈곤, 청년실업, 소득양극화, 인구 감소, 저출산, 소비 감소 등 이런 요인이 불황과 경제 침체의 원인이라고 그들은 말한다.

과연 그럴까? 아니다. 그들은 문제의 본질은 이해하지 못하고 문제의 표면만을 이야기하고 있다. 문제의 본질은 돈, 아니 '순환하지 않는' 돈 때문이다. 돈이 순환하지 않으면 돈은 결핍되고, 돈이 결핍되면 불황과 위기는 필연적이다.

모든 문제의 핵심은 '순환하지 않는' 돈이다. 빈곤과 양극화, 청년실업, 인구 감소, 매출 감소는 경제 침체와 불황의 결과이지 원인은 아니다. 이 모든 문제의 근원은 '순환하지 않는' 돈에서 비롯된 것이다. 그렇다면 왜 돈이 순환하지 않는지, 왜 돈은 결핍되는지 알아야 하지 않겠는가? 하지만 원인을 알려고 하기는커녕 돈이 무엇인지조차 모른다.

하지만 돈이 '무엇인지' 모르고는 왜 돈은 순환하지 않는지, 그 원인을 명확히 알 수 없다. 돈의 성질과 속성을 명확히 이해할 수 있어야만, 돈이 순환하지 않는 원인을 통찰할 수 있으며, 비로소 돈을 순환시킬 수 있는 지혜와 해법을 얻을 수 있다.

돈에는 교환수단과 축적수단의 두 핵심 기능이 있다. 하나의 돈에 두 종류의 돈이 들어 있는 셈이다. 빵집에서 빵을 사는 '교환수단의 돈'은 끊임없이 순환하지만 은행에서 거래되는 '축적수단의 돈'은 순환을 기피한다. 전혀 다른 두 기능을 동시에 갖는 돈의 구조적 모순이 돈의 순환을 가로막는다.

순환이 막히면 돈은 결핍되고, 불황은 불가피하다. 그러나 불황의 근원을 더 깊이 파고 들어가 보면, 돈이 본래의 역할을 못하기 때문임을 곧 알 수 있다. 사람들이 더 많은 돈을 벌기 위해, 불확실한 미래를 위해 소비를 줄이고 돈의 축적을 강화한다. 돈의 주 기능이 교환수단에서 축적수단으로 변질됨으로서 '순환하지 않는 성질'이 돈의 본질적 속성이 되었다.

돈은 구조적으로 순환하지 않는다. 그래서 상거래에 필요한 돈, 즉 '교환수단'의 돈이 항상 부족해질 수밖에 없고, 불황은 불가피해진다. 근원적 해결책은 아니지만, 정부는 언제든 돈을 찍어 내 불황을 극복할 수 있다. 하지만 지방정부는 아무리 경제가 어려워도, 돈을 찍어 내 순환시킬 방법이 없다. 지역 관료와 정치인들이 현실의 돈, 즉 '순환하지 않는 돈'이 불황의 본질이라는 것을 깨닫는 것이 지역경제 살리기의 첩경이다.

그동안 알 듯하면서도 몰랐던 불황의 진실과 그 원인을 깨달았다면, 망설이지 않고 용기를 내 돈의 존재방식을 바꿔 보자. 서로 충돌하는 돈의 두 기능을 분리 사용하는 창조적 지혜를 발휘하자는 것이다. 돈(국가화폐)에서 순환을 방해하는 '축적수단'을 제거해 '교환수단'만이 작동되는 돈이 바로 지역화폐다. 쉽게 말해 돈의 축적기능은 국가화폐에 맡기고, 교환수단의 기능에 충실한 지역 화폐를 만들어 돈 순환을 촉진시키는 도구로 활용하자는 의미다.

전통시장에도, 동네 슈퍼에도, 물건이 산처럼 쌓여 있고, 사람도 넘쳐나지만, 오직 사라진 것은 교환수단, 즉 돈이다. 거래를 수행해야 할 돈(교환수단)이 사라진 것이 바로 불황의 본질이다. 다시 말해, 서민들이 사야 할 것은 많은데 지갑에 돈이 없는 것이 진짜 불황이다. 그렇다면 지역 화폐를 찍어 서민들의 지갑을 채워 준다면 불황을 막을 수도 있지 않을까?

'순환하지 않는 성질'이 돈의 본질적 속성이며, 그래서 돈은 결핍되고, 불황과 경제 침체는 불가피하다는 것이다. 뒤집어 말하면 돈이 원활히 순환하면 돈은 풍족해지고 경제 위기는 없으며, 경제는 잘 돌아갈 수 있다는 논리다.

인류 역사상 가장 최악의 1930년대 세계 대공황 당시 이 이론을 기반으로 '이자가 붙지 않는 돈' 또는 '시간이 지나면 가치가 감소하는 돈' 등 여러 종류의 지역화폐가 탄생했으며, 당시 세계 대공황의 대혼란기에, 죽어 가는 지역경제를 놀라운 속도로 살려 낸 경험을 역사가 증명하고 있다.

당시 영국, 프랑스, 독일, 오스트리아 등 여러 곳에서 지역 화폐가 발행되었다. 대표적인 예를 들면, 독일의 슈바넨키르헨의 탄광 마을에서 발행된 '베라'(1931년)와 오스트리아 뵈르글에서 발행된 '노동증명서'(1932-1933년)가 있다. 이곳에서 발행된 지역화폐들은 매월 1%씩 가치가 감소함으로, 소비자들이 서둘러 사용했으며, 돈은 맹렬한 속도로 순환했으며, 1년도 안 돼 지역경제를 단숨에 살려 냈다.

지역화폐 기적에 감동한 주위의 수백 개 지역에서 다투어 지역화폐 개혁을 시도했지만, 독일과 오스트리아 정부는 국가화폐 발행권을 침해했다는 이유로 모든 지역화폐 발행을 금지했다.

그 당시 독일에서 나치가 권력을 잡은 것은 1933년이다. 만일 독일에서 '베라'가 금지되지 않고 각지로 퍼졌더라면 히틀러가 권력을 잡지 못했을 것이라고 말하는 학자들도 있다. 실업자가 넘쳐나는 파괴적인 경제 위기가 그들을 불러들였다고 주장한다.

유럽에서의 지역화폐 성공을 확인한 미국의 유명한 경제학자 어빙 피셔는 대통령 루즈벨트에게 '이자 없는' 지역화폐는 물론 '가치가 감소하는' 지역화폐의 필요성을 제기했다. 루즈벨트 대통령은 지역화폐 발행을 받아들이지 않았지만, 대신 엄청난 규모의 뉴딜정책을 발표했다. 뉴딜정책의 본질은 돈을 순환시키기 위한 정책이며, 수익 사업을 위해서가 아니라 대규모 공공사업 투자를 통해 저소득층, 실업자들에게 까지 돈이 돌아갈 수 있도록 만드는, 즉 돈을 반강제로 순환시키는 전략이었다.

세계 속의 어떤 국가도 경제가 어려워지면 약속이나 하듯, 아니 무조건 돈을 찍어 낸다. 더 이상의 경기부양 정책이 없다는 듯이 말이다. 하지만 시간이 경과할수록 돈은 투기와 자산 투자에만 몰릴 뿐, 쳇바퀴 돌 듯 또 다시 돈을 찍어 내야만 경제가 돌아간다. 돈은 이자가 붙는 빚으로 창출된다. 그래서 돈을 찍어 낼수록 빚은 더 빠른 속도로 증가하고, 빚이 증가할수록 양극화와 불평등을 더욱 심화시키고, 금융 위기와 경제 위기는 필연적이다.

국가경제든 지역경제든 '돈을 어떻게 잘 순환시킬 수 있느냐'가 경제 살리기의 본질이다. 경제를 살리기 위해 '돈의 순환'보다 더 훌륭한 비책은 없으며, 돈이 잘 순환하면 돈을 더 찍어 낼 필요도, 빚은커녕 기하급수적으로 증가하는 이자를 걱정할 필요도 없을 것이다.

이자가 붙는 국가화폐든, 이자가 붙지 않는 지역화폐든 돈은 '양'보다 '순환'이 중요하다. 아무리 수렁에 빠진 경제도 돈이 빠르게 순환하면 바로 살아난다. 이것은 경제를 관통하는 기본원리이다.

지역경제 시각에서 보면, 은행에 있는 돈, 장독에 숨겨진 돈, 당신 호주머니에 들어 있는 돈은 돈이 아니다, 돈이 '거래'을 위해 사용될 때 지역경제에 영향을 미치며 가치를 발현한다. 지역화폐는 저축이 아니라 거래와 소비를 위해, 즉 소비의 촉진을 위해 만들어진 돈이다.

자본주의 시장에서 소비는 총알보다 강하다. 지역경제의 총소비 양은 지역의 인구수와 개인 가처분소득에 따라 정비례로 증가하고, '거래 빈도'에 따라 기하급수적으로 증가한다. '거래빈도'가 핵심 변수다. 하지만 거래빈도는 돈의 '순환 속도'에 의해 결정된다. 유통기간이 명시된 지역화폐가 소비(돈)의 외부유출을 막고 순환을 강제한다. 지역화폐가 순환을 강제하며 '거래 빈도수'를 높이면 자영업 전통시장은 단번에 활력을 되찾고 지역경제는 단숨에 일어설 것이다.

지역경제를 기필코 살리고 싶다면 돈의 본래의 정신을 되찾아야 한다. 교환수단이라는 본래의 정신은 내팽개친 채 투기와 축적수단으로만 작동하는 돈, 지역에서 '순환'하기를 거부하고 탐욕을 쫓아 서울로 몰려가는 돈, 자영업, 전통시장 '매출'을 약탈해 대형 유통권력에 갖다 바치는 돈, 이런 돈(국가화폐)으로 과연 지역경제를 살릴 수 있을까.

'돈의 본질적 속성'과 '돈의 서울 유출', 그리고 '유통자본의 승자독식' 등, 이 구조적인 모순과 병폐가 돈의 순환을 가로막고 있는 한 지역경제 살리기는 불가능하다는 의미다.

'순환하지 않는 성질'은 돈의 본질적 속성이다. 신처럼 숭배하는 돈(국가화폐)을 인간이 어떻게 강제로 순환시킬 수 있겠는가. 하지만 지역화폐를 발행, 국가화폐와 함께 유통시키면 돈을 원활하게 순환시킬 수 있다. 사용기간이 명시된 지역화폐는 돈의 순환을 강제한다.

'돈의 서울 유출'은 돈을 고갈시키고 빚을 키운다. 빚 많은 가정이 어렵듯이, 빚이 급증할수록 이자 부담이 커지고 가계 소득은 감소한다. 가계소득이 감소하면 소비와 수요는 감소하고 상거래는 위축되고 지역경제가 어려워진다. 하지만 현실적으로 돈의 유출을 막는 것은 불가능하다. 돈의 사용은 개인의 영역이기 때문이다.

하지만 유통기간이 명시된 지역화폐가 유통되면, 돈은 빠르게 순환하고, 그러면 돈의 서울 유출은 줄기 시작하고, 지역경제가 갚아야 할 빚과 이자는 빠른 속도로 줄어들 것이다.

'유통자본의 승자독식'을 보수 경제학자들은 자본주의 시장에서 경쟁의 결과로 본다. 그래서 합리적 사고로는 해결이 어렵다. 그러나 지역화폐가 순환을 촉진하면 승자독식 생태계는 무너지고, 시장은 서서히 그러나 확실하게 상생과 공존의 생태계로 바뀔 것이다. 풀뿌리경제는 생기를 되찾고, 지역경제는 기력을 회복할 것이다.

한때 공산주의는 사람들에게 환상적인 파라다이스를 약속했다. 그 실현을 위해 정치권력을 장악하고 전제적인 독제가 필요하다고 역설했다. 모든 것이 정치권력을 위해 바쳐져야 한다는 것이다. 하지만 지역화폐는 그런 발상과는 무관하다. 지역화폐는 물론 만능의 해결책이 될 수는 없지만, 지역화폐가 얼마나 유용하고, 얼마나 힘을 갖느냐에 따라 그에 맞게 현행 화폐시스템의 여러 가지 문제를 자각할 수 있게 하고, 또한 그 문제점을 보완하고 개선, 개혁할 수도 있지 않겠는가?

어떤 행정조직도 안전한 것을 추구하고, 비범한 것을 믿기를 주저한다. 하지만 안전을 최고의 가치로 여기는 공직자들의 그런 태도는 당연한지 모른다. 그래서 전혀 새로운 종류의 돈(지역화폐)의 창출을 가볍게 결정하기는 쉽지 않을 것이다. 그러나 이미 지역화폐(지역사랑 상품권) 발행에 익숙해 있는 것도 사실이 아닌가.

한 번 사용하고 폐기되는 '지역상품권'을 일정 기간 돈처럼 반복 사용할 수 있도록 기능을 조금 개선한 '지역화폐'(대여 상품권 참조)일 뿐이다. 조금은 복잡하고 다소 어려울지 모르지만, 차분히 사려 깊게 진행하면 안정적으로 실행에 옮길 수 있으며, 그러나 결과는 놀라울 것이다. 지역경제는 단박에 활력을 되찾을 것이다.

돈이 돌게 만들고, 소비를 촉진하고, 빚을 갚기 쉽게 해 주는 이자가 붙지 않는 새로운 돈, 지역화폐가 풀뿌리경제를 살리고, 성장 열매를 고루 나누어 갖게 할 것이다. 지역화폐를 발행, 현재 일원화되어 있는 국가화폐시스템을 보완하는 복수의 '하이브리드' 화폐시스템을 구축하는 창조적 지혜를 발휘하자,

자연의 법칙은 순환이다. 흐르지 않은 고인 물은 곧 썩는다. 순환하지 않는 돈은 영원히 썩지 않지만, 돈이 쌓인 곳을 부패시키고 썩게 만든다. 아무리 돈을 찍어 내도 순환하지 않으면 돈은 고갈되고 불황은 불가피하다. 아무리 적은 돈이라도 원활히 순환하면 돈은 풍족해지고 경제는 살아난다.

끊임없이 순환을 거역하는 돈. 그 근원은 돈이 지닌 모순에 있다. 돈이 지닌 구조적 모순을 단칼에 잘라내는 지역화폐가 지역경제를 통째로 살릴 것이다.

지방정부는 지역화폐 창출을 망설일 필요가 있을까?

4

자영업, 전통시장을 춤추게 하라

물고기를 잡으러 갈 때는 어망을 들고 가고, 새를 잡으러 갈 때는 새총을 들고 가는 것처럼 우리는 목적에 맞는 도구를 들고 간다. 자영업 가게나 전통시장에 갈 때 돈이 없으면 지역화폐를 들고 가도 충분하다. 남아 있는 돈이 있으면 저축을 하든 세금을 내면 되지 않을까?

모두가 이기심으로 고립되면 먼지만 남고 폭풍우가 몰아치면 진창만 남는다.

-뱅자맹 콩스탕-

1980년대 후반부터 시작된 세계화와 1998년 IMF사태를 겪으면서 우리의 수많은 대기업과 금융회사들의 몰락과 도산을 경험했다. 특히 가장 타격을 받은 것은 지역에 기반을 둔 자영업, 전통시장 등 풀뿌리경제였다. 서민경제의 뿌리인 자영업, 전통시장이 자생력을 잃고 무너지면서 지역경제는 끝없는 불황의 늪에서 헤어나지 못하고 있다.

하지만 아직도 관료와 정치인들은 자영업 등 풀뿌리경제를 살리는 것이 지역경제 살리기의 본질임을 깨닫지 못하고 있다. 대기업에 무조건 목을 매는 낙수경제는 이미 수명을 다했으며, 이제 풀뿌리경제을 기반한 '분수경제'가 새로운 동력으로 작동되어야 한다. 기존의 낡은 '낙수경제'의 프레임과 패러다임에서 벗어나야만 지역경제 부활은 기대할 수 있다.

경제 성장 초기 단계에는 우수한 인재와 자원이 대기업 중심으로 쏠리면서 산업 간, 계층 간 격차가 벌어지면서 빈부격차가 크게 벌어진다. 그러나 경제 성장이 상당한 정도로 진척된 다음부터는 마치 빗물이 위에서 아래로 흐르듯이 자영업, 전통시장 등 서민경제에도 활력을 불어넣으며, 빈부격차도 줄어들게 된다는 것이 주류 경제학자들의 늘 자랑하는 '낙수경제'의 논리였다. 하지만 그것은 세계화 이전까지만 유효했다.

1990년 이전, 대형 유통자본이 지역의 유통시장에 출현하기 전까지만 해도 전통시장, 자영업은 고생스럽고 폼은 없지만 서민들의 희망의 텃밭이었으며, 자본주의 시장의 비상탈출구로서, 사업에 실패한 사람, 정년 퇴직자, 직장을 얻지 못한 청년들, 해고 노동자 등 경제적 약자들에게 재도전의 기회를 제공하는 훌륭한 역할을 수행했다. 그러나 지금은 밥벌이도 힘든 천덕꾸러기로 전락했다.

정부의 자료에 의하면 2001년 전통시장 매출액은 40조 원, 2013년은 20조 원으로 12년 만에 매출액이 절반으로 줄었다. 2010년도 중소기업청 자료에 의하면 최근 4년 동안 전통시장 매출액은 약 20% 가까이 감소한 반면 대형 유통점 매출은 30% 이상 증가한 것으로 나타났다.

전국 1517개 전통시장 2010년 매출액은 약 24조 원으로 2006년 매출액 29조 8000억 원에 비해 무려 19.4%나 감소했다. 이에 반해 이마트, 롯데마트, 홈플러스 등 425개 대형 유통점의 2010년 매출액은 33조 7000억 원으로 4년 대비 30% 이상 증가했다.

이와 같은 대형 유통점들의 폭발적인 매출액 증가는 각 지역의 전통시장의 급격한 매출 감소를 가져왔고, 매출 감소를 견디지 못한 상인들은 문을 닫고 시장을 떠나고 있는 참담한 실정이다.

국세청 발표에 의하면 국내 자영업자는 573만여 명으로 전체 경제활동 인구 2.541만여 명의 25%이지만, 지역경제 시각에서 보면 자영업이 지역경제의 3분의 1 이상을 떠받치고 있다고 볼 수 있다.

백화점, 대형할인점, 대형슈퍼, 아울렛 등 대형 유통자본의 폭풍성장은 지역의 자영업자, 전통시장의 매출을 약탈하며, 그들을 벼랑 끝으로 내몰고 있다. 대부분의 자영업자들은 매출 감소와 자금 부족으로 창업 후 2년을 버티지 못하고 폐업하는 사업자가 40%를 넘는다고 한다.

창업 시 자기자금보다는 대부분 빚을 내 사업을 시작하기 때문에 항상 자금난에 허덕이며 이자 내기에도 급급한 실정이다. 최근 통계청 자료에 의하면, 우리나라 자영업자 평균 빚은 1억 원 이상으로 임금 근로자(5천만 원)보다 2배가 넘는다. 매출 증가가 있어야만 가능한 수익 증가가 따르지 않는 한 빚은 계속 늘어나고 경영은 더욱 악화될 것이다.

끊임없이 계속되는 구조적 불황을 영세한 자영업, 전통시장이 스스로의 힘으로 해결하기는 어렵다. 아니 기존의 낡은 사고와 경제 논리에 매달려서는 불가능할 것이다.

하지만 대부분의 관료와 정치인, 아니 경제학자들조차 자영업자 수가 많을수록, 다시 말해 자영업 비중이 클수록, 그것은 경제의 후진적 징후라고 지적하며, 자영업자가 줄어들어야 자영업자를 살릴 수 있다고 주장한다. 즉 자영업자가 너무 많아 경쟁이 심해 자영업이 어렵다는 논리다. 그렇다면 자영업자가 줄어들 때까지 기다리자는 얘기인가? 그런 무책임한 해법이 어디 있는가?

자영업자 수가 줄든 증가하든 자영업자 모두가 당당히 먹고살 수 있어야, 그것이 해법이 될 수 있으며 그래서 지방정부의 지혜와 전략적 사고가 필요한 것이다.

자본주의가 고도로 발달한 미국의 경우를 보자, 월마트, 아마존 등 극소수의 공룡 기업의 유통시장 독점으로 시어스, 제이시페니 등 굴지의 유통업체들은 물론 헤아릴 수 없는 수많은 자영업자들의 문을 닫고 몰락했다. 이와 같은 자영업의 급감과 몰락이 자본주의 고도화의 미국의 위대한 모습인가? 아니면 양극화와 불평등을 키운 미국의 일그러진 모습인가?

자영업자 비율이 높을수록 경제의 후진적 징후라는 생각은 '성장 아니면 죽음'이라는 성장제일주의자의 사고와 철학일 뿐, 덜 양극화의 징후도 될 수 있음을 깊이 깨달아야 할 것이다.

우리나라에는 재벌을 옹호하는 경제학자들이 많다. 특히 보수적인 경제학자들은 대형 유통자본의 승자독식은 효율적인 기업이 비효율적인 기업을 몰아낸, 즉 경쟁의 결과라고 말한다. 하지만 그 결과로 소수의 거대 유통자본이 시장을 독점, 자영업의 몰락을 가져왔다. 문제는 자영업의 몰락이 양극화, 불평등을 가속화시키며, 사회적 갈등을 키운다는 것이다.

궁극적으로 우리의 목표가 골고루 잘사는 것이라면, 지역경제에서 유통자본의 절대적 독점이야말로 경쟁의 원리를 초월해서 소득재분배와 양극화 해소 차원에서 다루어야 할 중대한 문제가 아닌가?

한 가지 분명한 것은 자영업과 전통시장을 되살리지 않고는 지역경제의 회생과 활성화를 기대하기 어렵다는 것이다. 대기업이 일자리를 기계적으로 만들어 내는 '낙수경제'는 이미 시효가 끝났다. 그동안 고도성장의 환상에 가려져 방치되어 왔던 자영업, 전통시장을 되살리는 것이 '지역경제 살리기'의 본질임을 깨닫는 것이 정말 중요하다.

절체절명의 위기에 몰려야 몸을 움직이는 것이 인간의 본성이다. 진정으로 자영업, 전통시장을 살리고 싶다면 기존의 낡은 사고와 고정관념의 문을 열고 나와야 한다. 그래야 상상력과 창의력이 작동될 수 있으며, '이자가 붙는' 돈만이 '진짜' 돈이라는 관념과 사고에서 벗어날 수 있으며 '이자가 붙지 않는' 돈, 지역화폐의 유용성을 깨달을 수 있다.

지역경제는 지금 벼랑 끝에 서 있다. 모든 자원과 돈의 서울 집중으로 지역경제는 돈은 고갈되고 빚은 쌓이는 고질적 병폐 속에 갈수록 활력을 잃어 가고 있으며, 자영업, 전통시장은 고사 직전에 놓여 있다. 그들을 살리고 지역경제를 회생시킬 수 있는 방법은 정말 없는 것일까?

방법이 있다. 두 가지다. 하나는 외부(서울)로 유출되는 돈을 막기 위해 '지역 상점 이용하기' 캠페인 등 가능한 모든 수단을 활용하는 방법이 있고, 또 다른 하나는 그래도 도저히 돈의 유출을 막아 낼 수 없다면, 지역화폐('대여 상품권' 참조)를 발행, 지역경제에 직접 투입하는 방법이다. 다시 말해 지역화폐를 창출, 시장에 돈을 보충해 줌으로써 돈을 순환시키는 방법이다.

돈이 지닌 본래의 정신, 즉 교환수단에 충실한 돈, 이자가 붙지 않는 지역화폐 시스템을 도입, 풀뿌리경제를 살리는 창의력을 발휘하자는 것이다. 아무리 힘없는 지방정부도 언제든 지역 화폐를 창출할 수 있으며, 지역화폐가 빠르게 순환하면 소비는 살아나고, 매출이 증가하면 자영업 전통시장은 오뚝이처럼 일어설 것이다.

이자가 붙지 않는 지역화폐가 발행되면 대형 유통권력의 탐욕과 소비자의 외면, 지방정부의 무관심을 일거에 극복할 수 있을 것이다. 그것은 시장바닥의 생태계를 근본적으로 뒤집어엎고 ,즉 승자독식 생태계를 상생과 공존의 생태계로 바꾸는 것이 가능해진다는 의미다.

이긴 사람이 진 사람의 것을 몽땅 차지하는 것이 승자독식 경쟁이다. 경쟁을 강요하고 승자와 패자를 가르는 지금의 '이자 기반' 국가화폐만으로는 시장의 생태계를 바꾸기 어렵다. 아니 불가능할 것이다. 사용기간이 명시된 지역화폐가 돈의 순환을 강제하면 승자독식 생태계는 자연스럽게 무너지고, 시장은 상생과 공존의 새로운 생태계로 바뀔 것이다.

인간의 타고난 욕망뿐만 아니라 욕망을 부추기는 돈의 본질적 속성이 유통자본의 탐욕에 불을 지르며 자영업, 전통시장의 매출을 약탈케 하고, 지역경제를 불황의 위기로 몰아넣고 있다. 자영업자들의 생계를 위협하며 폐업을 강요하는 진짜 범인은 어쩌면 대형 유통권력이 아니라 경쟁과 탐욕, 양극화를 낳으며, 끝없이 성장을 강요하는 지금의 이자가 붙는 화폐 시스템이 아닐까?

그렇다면 이자가 붙는 국가화폐에서 끝없이 욕망을 만들어 내는 '축적수단'(이자)을 제거하면 어떻게 될까? 그것이 바로 지역화폐다.

지역화폐는 유통자본을 강압적으로 내쫓지 않고도, 영업시간 단축, 휴업을 강요하지 않고도, 행정력을 허비하지 않고도 기회와 경쟁은 공정해지고, 상생을 장려하며, 모두가 공존하는 시장을 만들어 갈 수 있을 것이다.

대형자본의 끝없는 약탈을 막기 위해 지역화폐보다 더 강력한 비대칭 무기는 없으며, 정부에 의존하거나 막대한 예산 없이도, 지역경제 스스로 힘으로 자영업, 전통시장 등 풀뿌리경제를 키우고 지킬 수 있다.

지방정부는 스스로 돈을 찍어 낼 수도, 강제로 순환시킬 수도 없지만 새로운 종류의 돈, 축적하지 않고 소유하지 않고 교환수단으로만 사용할 수 있는 이자가 붙지 않는 '지역화폐'는 언제든 찍어 낼 수 있지 않는가?

돈은 양보다 순환이 중요하다. 적은 돈이라도 잘 순환하면 돈의 부족은 해소되고, 거래와 소비는 살아나고 자영업, 전통시장은 생기를 되찾고, 지역경제는 단박에 활력을 되찾을 것이다.

태생적으로 돈은 부족하기 마련이다. 그래서 은행은 돈의 수도꼭지를 잠갔다 풀었다 할 힘이 있다. 은행은 사익을 기준으로 국가화폐를 차별적으로 공급하지만, 지방정부는 공익을 기준으로 지역화폐를 공평히 공급할 수 있으며, 공동체의 신용을 얻는 사람이면 누구나 수도 꼭지를 열고 닫으며 지역화폐를 사용할 수 있다.

지역화폐 시스템은 사적인 이익을 위해서가 아니라 공익을 위해 신용을 지급함으로서 공동체 구성원의 신용 공유를 회복하는 시스템이다.

물고기를 잡으러 갈 때는 어망을 들고 가고, 새를 잡으러 갈 때는 새총을 들고 가는 것처럼 우리는 목적에 맞는 도구를 들고 간다. 자영업 가게나 전통시장에 갈 때 돈이 없으면 지역화폐를 들고 가도 충분하다, 남아 있는 돈이 있으면 저축을 하든 세금을 내면 되지 않을까?

지역화폐가 자영업, 전통시장을 살려 낼 수 있다고 해도 그렇게 놀랄 일도 아니다. 지역화폐는 오직 지역 상점만을 찾아다니며 매출을 끌어올리기 때문이다. 매출이 증가하면 빚은 당연히 줄 것이며, 빚과 고금리의 압박에서 해방된 자영업, 전통시장은 모두가 일어서 덩실덩실 춤을 출 것이다. 이자 갚기 위해 더 빚을 내는 세상이 아니라, 더 이상 빚을 내지 않고도 장사할 수 있는 세상이 구현될 것이 분명하지 않는가?

전통시장에서부터 놀라운 변화를 목격하게 될 것이다. 상인들이 종일 문을 열고 장사를 하지만, 매출은 줄고, 그래서 먹고살기 어렵다고 하소연한다. 하지만, 이제 그들은 돈이 없어도 필요한 것을 구입, 먹고사는 문제를 해결할 수 있으며, 손에 쥐고 있는 돈은 빚 갚고, 이자 갚고, 장사하는 데 사용하면 빚의 굴레에서 벗어날 수 있을 것이다.

누구나 돈을 벌고 싶어 한다. 능력이 뛰어난 사람, 운이 좋은 사람만이 돈을 버는 세상이 아니라, 땀 흘리고 고생하는 사람도 돈을 벌 수 있는 사회, 즉 '사람이 돈을 버는' 경제를 구현하는 지역화폐 시스템이 창출되어야 자영업, 전통시장도 돈을 벌 수 있다.

자영업, 전통시장은 '소득'과 '소비'를 키우는 양날의 칼이다. 자생력을 회복한 자영업, 전통시장은 어엿한 사업자이면서 구매력이 탄탄한 소비자로 재탄생, 새로운 소비와 거래를 창출하며 분수효과를 극대화할 것이며, 지역경제는 분수처럼 솟아오를 것이다.

지금 필요한 것은 자영업 전통시장 살리기를 넘어 그들을 지역경제 성장 동력으로 활용하는 지혜와 전략적 사고다.

큰일을 하는 데는 큰돈이 필요하다. 그러나 지역화폐를 창출하는 데는 큰돈도 큰 예산도 필요치 않으며, 필요한 것은 오직 공직자들의 정신적 노고와 수고스러움뿐이다. 그래도 망설일 것인가. 그냥 불가피한 현실이라고 국가화폐만을 믿으며 살아갈 것인가? 아니면 지역화폐 시스템을 도입, 자영업, 전통시장을 당장 살려 낼 것인가? 그 선택은 온전히 지방정부의 몫이다.

5

지역경제의 차세대 엔진은 의료관광산업이다

의료관광산업은 지역에 뿌리를 두고 돈과 부의 유출을 막고 선순환을 촉진하는 지역밀착형 산업이다. 의료관광에는 지역 자원을 순환시키는 보이지 않는 힘이 있다. 지역의 병의원과 관광회사, 음식점, 쇼핑, 숙박, 전시, 공연 등 자영업을 중심으로 끊임없이 서로 거래가 이루어지고 순환하기 때문에, 돈이 서울로 유출될 틈을 만들어 주지 않는다. 서민경제의 뿌리인 자영업, 전통시장이 신기루처럼 살아날 것이며 의료관광이 지역경제를 힘 있게 견인하게 될 것이다.

기술적 발전이 한계에 직면할 미래 사회에서 새로운 가치는 상상력에 의해 창출될 것이다.

-앨빈 토플러(『부의 미래』)-

1. 국내외 의료관광 현황 및 전망

의료서비스가 휴양, 레저, 관광 등이 결합된 새로운 관광형태로 미래의 고부가 가치 산업으로 부각되면서 일부 동남아시아 국가들은 의료관광을 정부 차원에서 집중 육성하고 있으며 나아가 21세기 국가 전략산업으로 육성하기 위해 지원을 더욱 강화하고 있다.

이미 태국, 인도, 싱가포르, 터키, 말레시아 등 아시아 여러 국가들이 의료관광을 국가 미래 성장 전략산업으로 육성하고 있으며, 정부 차원의 대규모 투자와 전략적 지원으로 그들은 이미 상당한 성과를 거두고 있다.

태국이나 싱가포르, 인도의 의료 인프라나 의술이 한국보다 앞서 있기 때문에 의료관광이 성공하고 있는 것은 결코 아니며, 의료 진료 수준과 의료 인프라가 한국보다 취약한 태국, 인도지만, 풍부한 관광 자원과 저렴한 인건비를 무기로 호텔 수준의 서비스를 제공함으로써 외국인 환자 유치에 성공하고 있다.

이와 같이 의료관광산업이 뛰어난 의료 기술이나 관광자원에 좌우되는 것이 아니라 중요한 것은 마케팅 전략이다. 즉 주어진 의료자원과 관광자원을 어떻게 효율적으로 조직하고 네트워크화하여 능동적으로 활용하느냐가 전략의 핵심이다. 의료관광에서 가장 중요한 것은 가격 경쟁력이다. 싱가포르의 경우 세계적 수준의 의료기술과 훌륭한 인프라를 갖고 있지만, 높은 물가, 높은 진료비, 높은 체류비 등으로 가격 경쟁력을 이미 상실했다는 평가를 받고 있다.

현재 싱가포르의 국민 일인당 GDP는 6만 불 이상으로 물가와 의료비용이 높을 수밖에 없는 구조이며, 한국의 GDP는 3만 불 수준으로 싱가포르의 2분의 1이다. 이것은 한국이 의료 비용면에서도 싱가포르보다 훨씬 유리한 가격 경쟁력을 갖고 있다는 의미일 것이다.

10년 전만 해도 한국의 의료수준은 미국, 일본, 유럽의 75-85% 수준이었으나 지금은 거의 대등한 진료 능력을 갖고 있으며, 성형, 피부, 치과, 암 등 일부 의료 분야에서는 의료 선진국을 앞섰다는 평가를 받고 있다. '코로나-19' 사태 이후 'K-방역' 등 한국의 의료 역량에 세계가 놀라고 있지 않는가?

한국의 의료기술과 서비스는 이미 세계적 수준이지만 그에 비해 상대적으로 진료비 등 의료비용은 아주 저렴해, 미국의 10% 일본의 20-30% 수준이다. 한국의 의료관광의 성장 잠재력이 얼마나 막대한지 가늠할 수 있다.

우리 정부도 뒤늦게 의료관광의 성장 잠재력과 전략적 중요성을 인식하고, 특히 내수시장 활성화와 침체에 빠진 지역경제를 살릴 수 있는 가장 효과적인 정책의 하나로 의료관광의 육성을 강력 추진하고 있다. 하지만 그러한 노력에도 뚜렷한 성과는 내지 못하고 있는 현실이다.

하지만 민간 부문에서 나름 상당한 진전을 보이고 있다. 강남 지역을 중심으로 성형수술을 위한 중국인 등 외국인 환자들이 꾸준히 늘고 있기 때문이다.

한국의 의료산업은, 다른 산업에 비해 전국이 평준화되어 있는 셈이다. 서울에 유능한 의료진과 첨단의료장비가 집중돼 있다고 하지만, 의료관광은 최고의 의료기술과 최신장비를 요구하지 않으며, 더 중요한 것은 가격 경쟁력이다. 가격 경쟁력 관점에서 보면, 서울보다 물가, 진료비, 체류비가 저렴한 부산, 대구, 광주, 대전 등이 훨씬 유리하다.

정부의 강력한 뒤받침에 힘입어 특히 대구, 부산 등 일부 지방정부가 의료관광을 지역의 성장 동력으로 육성하려는 노력을 계속하고 있지만, 뚜렷한 성과를 내지 못하고 있으며, 나름 중국인 환자 유치에 총력을 기울이고 있지만, 작년부터 시작된 '코로나' 영향으로 그것마저 포기한 상태다.

그렇다고 실망할 필요는 없다. 2022-3년부터는 '코로나 19' 사태는 진정되고, 의료관광의 환경이 조성될 것이 확실해 보이기 때문이다. 시작이 절반의 성공이며, 무엇보다 중요한 것은 지방정부의 강력한 의지와 자신감이며 주어진 환경(장점)을 어떻게 전략화하느냐가 핵심이다. 지방정부의 창의적 사고와 발상, 지역 의료자원의 적극적인 활용과 마케팅 역량을 결집하면 의료관광산업은 반드시 성공할 것이다.

2. 지역경제와 의료관광산업의 잠재력

1980년대 후반부터 시작된 세계화와 1998년 IMF사태를 겪으면서 수많은 전통적 제조업과 금융회사들이 무너졌으며, 한국경제는 최대의 위기를 맞았다. 특히 타격을 받은 것은 지역에 뿌리를 둔 중소기업과 자영업, 전통시장이었다. 지역경제를 견인하던 노동집약 산업이 무너지면서 지역경제는 생산보다는 소비 중심 경제로 급속히 전환되었다.

하지만 지역의 '소비시장'마저 대형 유통자본에 짓밟히고 독점됨으로서 지역경제의 뿌리인 자영업, 전통시장은 자생력을 잃은 채 깊은 수렁에 빠졌으며 지역경제는 도저히 회복할 수 없는 만성불황에 허덕이고 있다. 이런 역사적 흐름을 되돌릴 수는 없으며, 새로운 성장동력을 찾는 것만이 지역경제를 되살릴 수 있는 길이다.

워싱턴 DC에서 북동쪽으로 60㎞쯤에 볼티무어 도시가 있다. 항구도시로 조선, 제철 등 공업 도시로 성장해 많은 이민자들에게 희망을 꿈꾸게 했던 도시였지만 20세기 들어 중공업이 경쟁력을 잃으면서 도시가 빠르게 쇠락했다. 하지만 절체절명의 위기를 극복하고 의료서비스 중심 도시로 새로 태어났다. 인구 62만 명의 볼티무어시는 놀라운 속도로 의료, 교육 중심 도시로 변모했으며, 지금은 많은 젊은이와 부자들이 찾아들고 있다. 그 핵심 원동력은 '존스홉킨스' 대학과 병원이다.

존스홉킨스 병원은 비영리 병원으로 의사와 박사급 연구원 등 5200명을 비롯해 약 3만여 명이 일하고 있다. 볼티모어에서 가장 많은 직원을 채용하고, 세금도 가장 많이 낸다. 이 병원은 세계 최고의 브랜드를 이용해 주변 도시와 싱가포르 등에도 진출했으며, 한 해에 외래환자 280만 명 등을 치료해 연간 70억 달러(약7조 7천억 원)의 매출을 올리고 있다.

부산이나 대구, 광주 등에는 서너 개의 의과대학과 대학병원이 존재하지만 지역경제의 성정 동력으로 기여하기는커녕 액세서리 역할에 그치고 있다.

의료서비스는 대표적 지식기반 산업이면서 노동집약 산업으로 고용창출 효과가 뛰어나다. 예컨대 서울아산병원의 년 매출액이 1조 5천억 원인데 직원은 1만 명에 달한다. 매출액이 비슷한 제조업의 경우 고용인원이 1천 명도 안 되는 경우가 많다. 하물며 의료와 관광이 접목될 경우 그 시너지는 막대하다. 의료관광은 고용창출뿐만 아니라 경제 승수효과는 상상을 초월한다.

그동안 지역에서 소외된 의료와 관광, 쇼핑, 음식, 숙박, 예술, 전통 등을 의료관광으로 묶어 낼 수 있다면 의료관광이 지역경제의 새로운 성장 동력이 될 수 있을 것이다. 부산이나 대구, 광주, 대전 등 대부분의 도시에는 종합병원, 전문병원, 일반병의원 등 우수한 의료 인프라와 의료 인재 등 훌륭한 의료자원이 넘쳐나고 있으며, 여기에 천혜의 자연경관, 다양한 지역의 전통문화가 결합하면 의료관광은 새로운 성장 엔진이 될 것이다.

석유와 철강 등 자원은 채굴하면 채굴할수록 고갈되지만 의료관광 자원은 개발하고, 융·복합하면 할수록 더욱 불어난다. 의료관광산업은, 인간의 창의력, 재능, 지식을 기반으로 하는 두뇌산업으로서, 채굴하면 할수록 더 발전하고 불어나는 대표적 지식기반 산업이다.

의료관광산업은 지역에 뿌리를 두고 돈과 부의 유출을 막고 선순환을 촉진하는 지역 밀착형 산업이다. 의료관광에는 지역 자원을 순환시키는 보이지 않는 힘이 있다.

지역의 병의원과 관광회사, 음식점, 쇼핑, 숙박, 전시, 공연 등 자영업을 중심으로 끊임없이 서로 거래가 이루어지고 순환하기 때문에, 돈이 서울로 유출될 틈을 만들어 주지 않는다. 서민경제의 뿌리인 자영업, 전통시장이 신기루처럼 살아날 것이며 의료관광이 지역경제를 힘 있게 견인하게 될 것이다.

시작이 중요하다. 지방정부의 의료관광산업 육성을 위한 창의적 발상과 능동적인 자세가 요구된다. 구체적인 외국인 환자 유치 목표를 세우고, 목표 달성을 위한 장단기 계획과 구체적 전략을 세워 나가야 할 것이다.

3. 지역 의료관광산업 추진 전략

1) 외국인 환자 유치 목표

◎ 의료관광산업은 의료자원과 관광자원의 융·통합을 통해서 새로운 가치를 창출하는 지식 기반산업으로서 지역의 의료자원과 풍부한 관광자원의 전략적 융·통합과 산업 간 시너지 극대화를

통해 의료관광산업이 지역의 새로운 성장 동력으로서 지역 경제에 새로운 활력을 불어넣을 수 있을 것이다.

◎ 그러나 의료관광산업은 단기간에 성공을 이룰 수 있는 산업이 아니며 장기간 계획과 준비가 필요함으로 1단계 추진기간 5년과 2단계 추진기간 5년으로 나누어 단기간에 할 수 있는 계획과 장기간이 소요되는 계획을 구분하여 가능한 부분부터 먼저 추진하도록 해야 한다.

◎ 10년 장기 계획 아래 의료관광을 지역의 핵심 동력으로 육성하고 목표 연도에는 내국인 환자 10만 명, 외국인 환자 100만 명을 유치하고 의료산업, 관광산업, 의료바이오산업 등 산업 간 시너지 극대화를 통해서 총 30조 원 이상의 생산과 10만여 명의 고용을 창출함으로써 의료관광산업이 지역경제를 견인하는 차세대의 성장 동력이 될 수 있을 것이다.

◎ 의료관광객 유치 목표

	내국인 환자	외국인 환자	계
1차 연도	1,000	7,000	8,000
2차 연도	2,000	20,000	22,000

3차 연도	3,000	30,000	33,000
4차 연도	5,000	60,000	65,000
5차 연도	10,000	100,000	110,000
6차 연도	15,000	200,000	215,000
7차 연도	30,000	350,000	380,000
8차 연도	50,000	500,000	550,000
9차 연도	70,000	700,000	770,000
10차 연도	100,000	1,000,000	1,100,000

2) 의료관광상품 개발 전략

◎ 대 중국 및 미국, 일본의 의료관광 시장 개발

◀ 잠재력이 가장 큰 중국시장을 집중 개발하는 것이 비용을 줄이고 효율을 극대화할 수 있는 방법이다. 인구가 3천만 명이 넘는 북경, 상해, 충징시와 인구 1천만 명이 넘는 10대 도시를 중심으로 시장을 집중 공략해야 할 것이다.

◀ 개별적 자유 환자 유치보다 전세기를 이용해 의료상품별, 그룹별, 단체별로 환자를 유치함으로써 지역의 접근성을 해결하고, 환자의 치료의 효율성을 높여 중국 시장 확대를 극대화한다.

◀ 미국에는 120만 명의 재미교포가 있으며 무보험 비율이 30%를 넘는다. 처음에는 교포를 대상으로 시장을 개척하지만, 점진적으로 미국의 중산층을 대상으로, 특히 가격경쟁력이 높은 미용성형, 치과 건강검증 등을 중심으로 공략하는 것이 보다 성과를 높일 수 있을 것이다.

◀ 일본은 의료보험제도가 발달해 양질의 의료서비스를 제공하고 있으나 비보험인 미용성형과 치과 등 일부 분야는 진료비가 고가임으로 이 틈새시장을 집중 공략하는 전략이 필요하다. 또한 일본에는 60만 명의 재일 교포들이 살고 있어, 이들 대상으로 전략적 마케팅을 집중한다면 큰 성과를 기대할 수 있을 것이다.

◎ 전략적 상품 개발

◀ 의료관광 성공의 핵심은 경쟁력 있는 의료관광상품 개발에 달려 있다. 그러나 의료상품은 항상 인간의 생명과 관련한 사고와 위험이 따름으로 의료 사고와 위험을 최소화할 수 있는 기반 위에 상품이 설계되어야 할 것이다.

◀ 비교적 부작용과 인명사고의 위험의 부담이 적고, 상대적으로 진료와 수술이 표준화되어 있는 치과, 안과, 건강검진 등을 중심으로 한 상품 개발을 위한 전략적 선택이 중요하다.

◀ 대 중국인환자 유치에 적합한 2-3개의 폭발력 있는 의료관광 상품의 전략적 개발에 모든 마케팅 역량을 집중해야 한다.

◎ 의료관광상품 가격 전략

◀ 의료관광상품의 가격은 고객(환자)이 의료상품을 고르고 선택하는 데 가장 중요한 요소다. 그렇다고 무조건 상품 가격을 싸게 설계한다면, 상품의 품질이 떨어져 결국 소비자에게 피해가 돌아갈 수 있음으로, 합리적이며 경쟁력 있는 가격을 결정하도록 최대한 노력한다.

◀ 우선 진료와 관광을 나누어 적정 요금을 산정하고. 여기에 항공료와 숙박비를 묶어 패키지상품으로 설계한다면, 이 패키지상품은 고객(환자)이 지역에 와서 치료와 관광을 하고 돌아갈 수 있는 최소한의 비용을 의미하기 때문에 고객이 쉽게 상품을 선택할 수 있게 해 줄 것이다.

◀ 특히 패키지상품 가격은 적정규모를 전제로 가격을 산정하기 때문에 경쟁력 있는 가격 확보가 가능하다.

◎ 의료관광상품 품질 경쟁력 확보

◀ 의료관광상품의 품질은 진료의 품질과 관광의 품질을 나누어

생각할 수 있다. 특히 진료의 품질은 고객(환자)의 만족도에 절대적 영향을 미친다. 그럼으로 외국인 진료에 참여한 병의원 선정에 객관적 진료 능력이 충분히 평가되어야 한다. 또한 환자와 환자 보호자에 대한 서비스의 질도 상품의 질만큼 중요하다.

◀ 진료 품질을 일정 수준 유지하고, 시각적으로도, 환자의 신뢰와 투명성을 높이기 위해서는 가능한 첨단의료장비의 사용이 장려되어야 한다. 물론 고가의 첨단의료장비의 구매는 외국인 환자 진료에 참여한 병의원의 공동구매와 공동사용으로 비용은 최소화하고 효율은 극대화할 수 있을 것이다.

◎ 의료관광 상품의 A/S 전략

◀ 의료상품은 언제나 예기치 않는 사고를 일으킨다. 그럼으로 진료가 끝난 뒤에도 환자의 부작용이나 뒤처리에 적극적으로 대응하는 책임지는 자세를 가져야 한다. 의료상품의 A/S 전략은 의료관광의 성패를 가를 핵심 전략이다.

◀ 의료 사고에 적극적으로 대처하기 위해서는 외국인 환자 진료에 참여한 병의원은 책임보험에 가입해야 하며, 의료사고에 대비해, 보상을 위해 외국인 환자 1인당 보상비를 책정해 예산으로 확보하는 전략적 사고가 필요하다.

3) '지역 의료관광공사' 설립

의료관광의 성공 여부는 훌륭한 의료 인프라와 의술에 의해서만 좌우되는 것이 아니며, 핵심은 마케팅 전략이다. 외국인 환자 유치 목표를 세우고 외국인 환자 유치를 위한 시장조사, 상품개발, 광고와 홍보 등 모든 종합적인 마케팅 전략과 이것을 체계적, 능동적으로 추진하기 위해서는 '의료관광공사'의 설립이 필요하다.

물론 최소 비용으로 적은 규모에서 시작해 실적에 따라 점진적으로 키워 나갈 수 있을 것이다.

6

부산 시민이 싱가포르 시민보다 더 잘살아야 할 이유

싱가포르가 꿈에도 상상할 수 없는 자원이 부산에 있다. 그 자원의 특징은 해마다 증가한다는 것이다. 그것은 바로 중앙정부가 매년 지원하는 예산이다. 그 속에는 국고보조금도, 지방교부세도, 운이 좋으면 굵직한 정책사업도 들어 있다. 부산경제가 어려워도 그런대로 굴러가는 이유도 그 예산 덕이다. 싱가포르 관점에서 보면 완전 공짜 돈이다. 이자도 붙지 않고 갚을 필요가 없는 진짜 공짜 돈이다. 여기서부터 싱가포르경제와 부산경제는 근본적으로 노선을 달리한다.

아무리 어려워도 부산은 정부라는 믿을 구석이 있지만, 싱가포르는 문제 해결이 어려우면 그것으로 끝장이다.

그래서 부산에는 어떻게든 되겠지 하는 안이함이 지배하지만, 위기를 기회로 돌파하지 못하면 싱가포르는 망할 수밖에 없다는 위기의식이 지배하고 있다.

사치

사치는 가난뱅이 백만에 일자리를 주었고 얄미운 오만은 또 다른 백만을 먹여 살린다. 시샘과 헛바람은 산업의 역군이니 그들이 즐기는 멍청한 짓거리인 먹고 쓰고 입는 것에 부리는 변덕은 괴상하고 우스꽝스러운 악덕이지만 시장을 돌아가게 하는 그 바퀴였다.

-맨더빌의 원전에서-

산업혁명 이후 건설된 세계 도시는 대부분 항만 도시다. 싱가포르와 부산도 똑같은 항만 도시다. 그러나 이 두 도시는 주어진 환경과 여건은 비슷하지만 성장 과정은 너무나 판이하다. 말레시아 연방으로부터 독립한 지 반세기도 지나지 않아 끊임없는 도전과 성장으로 싱가포르는 세계의 중심에 우뚝 섰지만, 부산은 아시아는커녕 국내에서도 변방의 도시로 밀려나고 있다.

싱가포르는 아시아의 대표적 금융 중심지로서 세계 제4위의 금융 허브로 자리를 잡았으며, 석유 한 방울 나지 않는 싱가포르이지만 뉴욕 런던에 이어 세계 3위의 원유거래 시장으로 등극했으며, 또 중국 상하이에 이어 세계 2위의 컨테이너항과, 6,300여 개의 항공편이 세계의 모든 도시를 연결하는 창이 국제공항을 확보함으로서 국제적인 물류 전진기지로 도약했다, 그러나 이것도 부족해 싱가포르는 관광대국을 꿈꾸고 있다.

부산은 우리나라가 해방된 지 70년이 되어 가지만 세계적인 도시는 커녕 서울 수도권에 밀려 국내에서조차 변방의 도시로 전락하고 있다. 그나마 다행인 것은 수출 강국인 우리나라의 수출입 화물을 처리하는 물류 전진기지로 성장함으로서, 세계 5위 규모의 부산 컨테이너항이 부산의 체면을 세워 주고 있는 셈이다.

싱가포르 국토 면적 710㎢이며 인구 530만 명의 도시국가인 싱가포르의 2011년 국민 1인당 국민소득은 5만 달러를 넘었으며, 2018년 기준 6만 4천 달러를 넘어섰다.

부산시 면적은 769㎢이며, 인구 343만 명의 부산의 2020년 1인당 국민소득은 아직도 3만 달러 근처에서 머뭇거리고 있다. 그러나 싱가포르와의 엄청난 소득 격차보다 더 심각한 것은, 시민의 소득을 끌어올릴 확실한 동력을 찾지 못한 채, 서민들의 삶은 더욱 팍팍해지고 계층 간 소득 불균형이 더욱 심화되고 있다는 것이다.

1965년 독립한 싱가포르는 부존자원이라고는 아무것도 없는, 먹는 물조차 부족한 열악한 환경을 극복하기 위해 정부 주도로 대외개방형 경제를 추구 1970년대에는 외자를 이용한 수출주도형 산업으로 높은 성장을 이루었지만, 1980년대 들어 중국의 등장으로, 값싼 노동력에 밀려, 싱가포르는 최대의 위기를 맞았지만 그들은 망설임 없이 게임의 룰을 바꿨다.

전자, 기계, 제약 등 고부가가치 산업으로 구조조정을 추진하고 또한 금융, 물류, 통신 등 서비스 산업으로 중심축을 옮기며 위기를 정면 돌파한다. 또 다시 그들은 미래를 선점하기 위해 바이오산업과 MICE 산업과 카지노 산업을 중심으로 한 관광산업을 새로운 성장 동력을 키우고 있다.

1960년대 부산경제는 값싼 임금을 이용한 섬유, 신발, 합판 등 노동집약적 산업과 수출 증대에 힘입어 놀라운 성장을 이루었다. 당시 부산의 1인당 GRDP는 전국 1위였다. 그러나 1980년대 중국의 싼 임금에 밀려 위기를 맞았으나. 변화와 위기에 적극적으로 대응하지 못한 채, 노동집약적 산업구조가 고착화되었다.

특히 1980년대 이후에도 산업 고도화에 편승하지 못함으로서 부산의 제조업 기반은 무너졌으며, 비록 서비스 산업이 제조업의 공백을 빠르게 메꿔 왔지만 금융, 유통, 부동산 관련 서비스 산업의 영세성으로 부산의 경제력과 위상은 급격히 쇠퇴했다.

이미 1980년대에 싱가포르와 부산의 승패는 갈렸다. 싱가포르는 중국의 등장으로 인한 산업 재편의 불가피성을 이미 깨닫고 선제적으로 대응함으로서 싱가포르는 경제구조를 바꾸었지만, 부산은 중앙 정부의 정책에 따라가기 바빴으며 수출실적에 함몰되어 급변하는 경제 환경에 신속히 적응하지 못했다.

물론 싱가포르는 도시국가로서 국가적 리더십을 발휘, 경제정책을 강력히 추진할 수 있었지만, 부산은 지방정부로서 중앙정부의 정책을 충실히 따르는 것이 최선이었다. 하지만 지방정부라는 한계 때문에 독창적인 사고와 정책이 불가능하다는 논리라면 부산은 영원히 싱가포르보다 더 잘 살기는 어려울 것이다.

지금처럼 국가 간 제도적 장벽이 무너진 글로벌 경제에서는 부존자원이 있든 없든 중요하지 않다. 중요한 것은, 세계 시장에 넘쳐나는 돈, 기술, 인력, 정보 등의 자원들을 어떻게 끌어들이고, 얼마나 창조적으로 새로운 가치를 창출할 수 있느냐에 달려 있다.

부존자원이 전무한 싱가포르는 경제를 일으키기 위해 자본, 기술, 인력 등 필요한 자원은 모두 해외에서 끌어왔다. 그러나 국가 존립에 필수적 자원인 국토, 인구, 물 등은 스스로 늘리고 키우는 놀라운 창의력을 발휘하고 있다.

싱가포르가 독립한 1965년에 국토면적이 581㎞이며 서울 면적 605㎢보다 적었지만 지금은 710㎢로 서울보다 커졌으며, 그러나 2030년까지 100㎢를 더 확장할 계획을 목표로 하고 있으며, 2030년에는 싱가포르 국토면적은 810㎢으로 부산 면적 769㎢보다 더 커질 것이 분명하다. 싱가포르 국토는 국가 존립의 핵심 자원이며, 싱가포르는 좁은 땅을 효율적으로 활용하며, 한편 끊임없이 바다를 메우면서 국토를 키운다.

작은 땅덩이로는 경제는 물론 국력을 키울 수 없다고 생각한다. 싱가포르는 국토를 사용가치로 평가하지만, 부산은 토지를 교환가치(부동산 가치)로 평가한다. 싱가포르의 토지는 국력을 키우는 절대적 요소이지만, 부산의 토지는 투기를 위한 도구이다.

싱가포르는 인구 전략은 1980년 250만 명, 2006년 450만 명으로 꾸준히 증가시켰으며 2018년에는 564만 명에 달했으며, 싱가포르 정부의 '인구백서'에 의하면 2030년까지 인구를 690만 명으로 늘리는 것이 목표다.

싱가포르는 지속적인 성장을 위해 인구는 필수적인 자원이라고 생각한다. 그들은 인구를 늘리기 위해 어려움을 무릅쓰고 이민을 적극적으로 받아들인다. 인구는 미래의 내수 시장이며 성장의 원천임을 통찰하고 있다.

싱가포르 정부는 경제를 키우고 일자리를 만들기 위해 인구 증가가 필수적이라고 판단하지만, 부산 정부는 일자리가 부족하기 때문에 인구가 감소한다고 생각한다. 인구가 감소하면 음식물 쓰레기도 줄어드는 장점도 있다. 그러나 인구가 줄거나 쓰레기가 줄어들면 경제가 죽는다는 징조가 아닌가.

앨런 그린스펀 전 미국 연방준비제도이사회 의장은, 쓰레기 양을 경기 판단의 잣대로 사용했으며, 그는 매일 아침 눈을 부라리며 뉴욕 시내의 쓰레기 양이 늘어나는지 줄어드는지, 열심히 체크했다고 하지 않는가.

싱가포르는 연 평균 강우량이 2400㎜이지만, 강우량이 일시에 집중됨으로 빗물의 유실이 심각하다, 물을 전량 수입해야만 했던 싱가포르는 물 부족 문제를 해결하기 위해 하수재이용이나 해수담수화에 탁월한 기업인, 지멘스, GE워터 등을 끌어들여, 기필코 물 산업을 성공시켰다. 싱가포르는 물 부족 문제를 해결했을 뿐만 아니라 이제 '세계 물산업 허브'로 부상했다.

세계는 지금 돈이 되는 물 산업을 선점하기 위해 총성 없는 전쟁을 치르고 있다. 전문가들은 앞으로 물 산업이 반도체나 조선 산업보다 더 큰 산업이 될 것이라고 주장한다.

부산에서는 수도꼭지를 틀기만 하면 언제고 물이 콸콸 쏟아진다. 당연히 물의 소중함을 알 수 없으며, 그저 흔한 물일 뿐이다. 그래서일까, 부산은 물이 얼마나 중요한지, 아니 물의 미래 상품 가치조차 상상하지 못한다.

부산도 물 산업에 관심이 없는 것은 아니다. 정부의 지원으로 2014

년 기장에 2천억을 들여 해수담수화 설비를 완공, 수돗물을 공급했으나 지금은 중단된 상태다, 기존의 수돗물을 '순수365'라는 브랜드로 상품화하는 등 노력은 하지만, 싱가포르와 비교하면 어린애 소꿉장난 수준이다.

석유 한 방울 나지 않는 싱가포르이지만, 바다만큼이나 큰 저장고를 만들어 놓고 그 속에 원유를 비축하고 석유를 팔아먹고 있다. 마치 자기 땅에서 채굴한 석유처럼 말이다. 어떻게 그렇게 비좁은 땅에다 그런 발상을 할 수 있었을까? 어떻든 그들은 야심대로 뉴욕, 런던에 이어 세계 3위의 원유 거래시장으로 우뚝 섰다. 총 저장능력이 6,200만 베럴, 싱가포르 1일 정제 능력 139만 배럴의 42배 이상의 엄청난 규모다. 원유의 저장, 환적 등의 거래 활성화로 싱가포르 GDP의 10%에 달하는 수익을 내고 있다. Shell, Caltex, BP, Mobil 등 세계 메이저 석유회사들이 모두 진출해 있다. 싱가포르는 부산이 감히 상상할 수 없는 것을 상상한다.

싱가포르가 상상할 수 없는 것이 부산에 하나 있다. 그것은 부산 녹색공단에 있는 르노삼성자동차다 연산 30만 대, 1만 명 이상의 고용 등 지역의 핵심 제조업으로 부산경제를 견인하고 있다. 자동차산업은 부품산업 연관 효과와 고용효과가 뛰어나, 미래 성장산업으로 세계 각국이 자동차공장 유치를 위해 치열한 경쟁을 벌이고 있다.

르노삼성공장이 부산에 존재한다는 것만으로도 횡재와 행운이 아닐 수 없다. 그런대도 30만 대 자동차 설비 가동률이 50%도 안 된다. 노사분규 때문인지, 마케팅 능력 부족인지, 어쨌든 부산정부는 잘 알고 있을 것이다.

국내에는 전기차 배터리를 생산하는 LG화학 등 국제 경쟁력을 갖춘 자동차 부품회사가 무척 많다. 가격에 비해 품질이 뛰어나다. 그것이 한국 자동차산업 국제경쟁력의 힘이며, 르노삼성이 온갖 어려움에도 한국을 떠나지 않는 이유이기도 하다.

어떻게 해서든 부산은 르노삼성을 성공시켜야 한다. 그보다 더 훌륭한 기업 유치 전략은 없다. 르노삼성의 성공은 글로벌 기업들이 제 발로 걸어 들어오게 만들 것이다. 제 발로 걸어 들어오게 하는 것이 싱가포르의 기업유치 전략이다. 환경과 건강을 해치는 기업은 들어올 수 없으며, 기술이 뛰어난 첨단업종만 제 발로 들어오는 것을 허락한다.

또 하나 싱가포르가 꿈에도 상상할 수 없는 자원이 부산에 있다. 그 자원의 특징은 줄어들기는커녕 해마다 증가한다는 것이다. 그것은 바로 중앙정부가 매년 지원하는 예산이다. 그 속에는 국고보조금도 들어 있고 지방교부세도 들어 있고, 운이 좋으면 굵직한 정책사업도 들어 있다. 아무리 부산경제가 어려워도 그런대로 굴러가는 이유도 그 예산 덕이다.

싱가포르 관점에서 보면 완전 공짜 돈이다. 이자도 붙지 않고 갚을 필요가 없는 진짜 공짜 돈이다. 여기서부터 싱가포르경제와 부산경제는 근본적으로 노선을 달리한다. 아무리 어려워도 부산은 정부라는 믿을 구석이 있지만, 싱가포르는 문제 해결이 어려우면 그것으로 끝장이다. 그래서 부산은 어떻게든 되겠지 하는 안이함이 지배하지만, 위기를 기회로 돌파하지 못하면 싱가포르는 망할 수밖에 없다는 위기의식이 지배하고 있다.

절체절명의 위기에 몰려야 상상력과 창의력이 솟아나는 것이 인간의 본성이다. 그냥 머리를 짜내고 굴린다고 솟아나는 것이 아니라, 끊임없는 도전과 용기 속에 솟아나는 것이다. 도대체 싱가포르 정부와 부산 정부와의 차이점은 무엇일까? 부산은 '예산확보'에 모든 에너지를 낭비하지만, 싱가포르는 '위기를 기회'로 돌파하기 위해 상상력과 창의력 발휘에 에너지를 집중한다.

아무리 눈을 부릅뜨고 보아도, 싱가포르에는 관광산업을 키울 만한 물리적, 자연적 자원이 거의 전무하다. 그러나 그들은 걱정하지도 포기하지도 않는다. 자연자원이 없으면 인공자원을 만들어 낸다. 그들의 생각은 항상 엉뚱하면서 송곳처럼 날카롭다.

바다를 메워 조성한 마리나베이샌즈와 리조트월드 센토사 등 두 개의 거대한 카지노 복합리조트를 건설하고, 컨벤션 산업을 포함한 고부가가치의 MICE산업과 의료관광까지 연계, 모든 관광자원을 융·통합하고 시너지를 극대화했다. 싱가포르는 85만 명의 의료관광객을 포함해 외국인 관광객을 1,850만(2018년)을 유치하는 관광대국이 되었다.

1850만여 명의 관광객이 뿌리는 돈이 싱가포르 내수시장에 활력을 불어넣으며, 싱가포르 자영업자들의 매출과 소득의 원천이 되고 있다.

유교를 사회적 기반으로 하고 있는 싱가포르는 새로운 엔진으로, 관광산업을 극대화하기 위해 그동안 불법의 상징인 카지노 도박까지 끌어들였으며, 그리고 관광산업을 여지없이 성공시켰다. 번뜩이는 그들의 상상력과 창의력은 놀라울 뿐이다.

하지만 우여곡절이 많았다. 국민 절반 이상이 반대했기 때문이다. 작은 국토와 적은 인구로 인한 산업국가의 한계를 극복하기 위해 미래의 성장산업으로 관광산업을 선택했으며, 관광산업을 키우는 동력으로 카지노를 결단했다. 국가의 정체성 훼손보다 더 중요한 것은 싱가포르 미래의 생존이었다.

부산 서면에는 메디컬스트리트가 있다. 이곳에는 성형, 피부과 등 미용 관련 시설과 안과 치과 등 200여 개의 병의원이 성업 중이다. 그래서 이 거리를 메디컬스트리트라고 부른다. 해운대 센텀지구에도 신세계 센텀시티와 롯데백화점 주변에도 수없이 많은 병의원과 관련 시설이 몰려 있다.

예컨대 서면 메디컬스트리트에 모여 있는 안과 병원들은 라식수술에서 '반값 라식'을 내걸면서 치열한 경쟁을 한다. 그래서 안과 병원이 다 망할 거라는 걱정을 한다. 안과뿐만 아니다. 부산에는 환자보다 의사가 더 많아 의사들이 굶어죽을 판이라는 우스갯소리가 있다. 지역의 의료시장은 뻔한데 과열경쟁이 문제라는 것이다.

부산의 의료시설이나 의료 품질은 싱가포르와 비교해도 전혀 부족함이 없다. 싱가포르 의료기술은 동남아에서 가장 뛰어나며, 의료 품질 역시 세계적 수준이다. 그러나 높은 물가, 높은 치료비, 높은 체류비 등으로 싱가포르는 이미 의료관광 경쟁력을 상실했다는 평가를 받고 있다.

한국의 의료 기술과 서비스는 이미 세계적 수준이며, 가격대비 의료 품질은 확실한 경쟁력을 확보하고 있다. 부산 역시 의료 품질과 가격 경쟁력에서 싱가포르를 훨씬 뛰어넘는다. 하지만 이 우수한 의료자원의 전략적 활용 방법은커녕 의료자원이 관광산업의 핵심 자원이라는 것조차 깨닫지 못하고 있다.

부산은 2012년에 1만 5천 명의 의료관광객을 포함해 외국인 관광객을 236만 명을 유치하는 데에 그쳤다. 2025년의 외국인 관광객 유치 목표는 500만 명이며, 관광수입 목표는 5조 4천억 원이다. 싱가포르와는 비교하기에는 너무 초라하다. 왜 이런 결과가 계속될까? 풍부한 의료자원의 소중한 가치를 깨닫지도, 활용하지도 못하기 때문이 아닐까?

부산에는 관광자원이 풍부하다. 해양 중심 천혜의 경관, 사계절 테마축제, 벡스코 중심 MICE산업, 감천문화마을, 부산국제영화제, 자갈치시장, 국제시장, 맛집 탐방 등 관광할 것이 넘쳐나지만 싱가포르에 비해 부족한 것이 하나 있다. 그것이 카지노 복합리조트다. 그렇다고 실망할 필요는 없다. 카지노보다 경제적 시너지 효과가 막대한 의료관광 복합리조트를 만들면 된다. 카지노 자체 수입은 매우 크고, 관광객 유치의 효과도 크지만, 경제적 승수효과는 극히 제한적이다. 하지만 의료관광의 경제적 승수효과는 카지노산업과 비교할 수 없을 만큼 장대하다.

경제적 승수효과가 막대한 의료관광은 지역경제를 살리는 최고의 정책이며 전략이다. 여행, 숙박, 음식, 전시, 공연, 전통시장 등 풀뿌리 경제에 활력을 불어넣으며, 의약품, 의료기기, 의료장비 등 바이오산업의 밑거름으로 작동될 것이다. 더 이상 부산은 터무니없는 카지노 복합리조트를 꿈꿀 것이 아니라 의료관광 복합리조트를 상상하고, 그 실현에 창조적 지혜를 발휘하자.

만일 의료관광 복합리조트가 만들어지면 부산은 단박에 싱가포르의 관광산업을 넘어설지도 모른다.

분명한 것은 지하자원은 캐내서 사용할수록 고갈되지만, 의료관광자원은 사용하면 사용할수록 더욱 불어나고 더욱 발전한다는 것이다. 넘쳐나는 의료자원을 관광산업과 창조적으로 융·통합하면, 부산은 싱가포르 경제를 앞서는 데 그리 오랜 시간이 걸리지 않을 것이다. 그것은 결코 기적이 아니라 진실일 뿐이다.

부산의 중심지에 우뚝 솟은 초고층 건물이 하나 있다. 이곳이 63층, 높이 289m의 부산국제금융센터 'BIFC'로 한국거래소, 대한주택보증, 주택금융공사, 한국예탁결제원 등 6개의 공공기관 본사와 금융관련기관이 입주해 있다. 이 건물은 아시아 금융 중심지가 되려는 부산의 의지를 상징한다. 아시아 금융 중심지로 태어나려는 것이 부산의 꿈이다. 꿈이란 장대하고 화려할수록 멋있다. 하지만 현실을 무시한 허망한 꿈은 되레 이성을 마비시킨다.

싱가포르는 외환거래와 자산운영에서 실적을 자랑하는 국제금융 중심지로서 런던, 뉴욕, 홍콩에 이어 세계 4위의 금융허브로, 119개의 외국은행이 자리 잡고 있다. 서울은 세계 10위권의 국가경제 역량을 기반으로 아시아 금융허브를 꿈꾸며 혼신의 노력을 하고 있다.

하지만 남북 간의 군사적인 대치, 국제금융회사 유치 등 현실적인 문제로 서울의 아시아 금융 중심지 도약은 쉽지 않다. 하물며 부산의 그런 꿈은 물리적으로 불가능하다. 아시아 금융 중심지가 아니라 한국의 금융중심 도시로 역량을 키우고, 또한 비수도권의 금융 중심지로서, 추락하는 비수권경제를 견인하는 기관차 역할을 하기 위해 부산의 역량과 창의력을 발휘하자.

지금 부산의 가장 시급하고 중요한 것은 아시아 금융의 중심이 아니라 지역금융 활성화이며, 아니 좀 더 정확히 말하면 지역금융 정상화가 절박하다. '돈은 고갈되고 빚만 쌓이는' 부산의 고질적 병폐를 바로 잡는, 다시 말해 돈의 서울 유출을 막고, 돈을 지역에서 순환시키는 것이 부산경제 살리기의 핵심이다.

부산에는 국내에서 가장 많은 200여 개의 전통시장과 40만여 개의 자영업이 서민경제를 지탱하고 있지만, '돈의 결핍'과 '순환하지 돈'의 고질적 병폐로 풀뿌리경제는 매출 감소와 눈덩이처럼 불어나는 빚과 고금리로 고사 직전이다. 지역화폐 (제2장의 8. "상품권 대여" 참조)의 창출 없이는 풀뿌리경제, 아니 부산경제 살리기는 구조적으로 불가능할 것이다.

지역금융이 정상화되어야, 돈이 원활히 순환하고 자영업, 전통시장 등 풀뿌리경제는 생기를 되찾고, 부산경제는 바로 활력을 되찾을 것이다. 기존의 사고와 패러다임에서 벗어나 생각의 틀을 바꾸면 부산이 싱가포르를 앞설 수 있는 길이 선명히 보일 것이다

싱가포르는 국토를 넓히기 위해 막대한 돈과 비용을 들여야 하지만, 부산은 그럴 필요가 없다. 경남도 울산도 부산 영토다.

싱가포르는 생존에 필요한 물의 40%는 아직도 돈을 주고 수입해야 하지만, 부산은 그럴 필요가 없다. 부산에는 넉넉한 낙동강이 흐른다.

싱가포르는 인구를 늘리기 위해 이민을 늘리고 갈등을 유발하지만 부산은 그럴 필요가 없다. 울산과 경남 인구도 한 식구다.

부산은 세계적 수준인 의료자원과 풍부한 관광자원을 융·통합, 의료관광 육성에 상상력과 창의력을 발휘하자. 의료관광이 부산의 핵심 성장 동력이 되어야 하며, 싱가포르보다 더 잘 살기 위한 핵심 전략이 되어야 한다.

부산은 싱가포르보다 10배나 큰 내수시장을 갖고 있다. 대한민국 5천만 인구가 부산의 내수시장이다.

싱가포르는 자주국방을 위해 국가예산의 25% 이상 매년 국방비에 쏟아부어야 하지만, 부산은 그럴 필요가 꿈에도 없다.

부산의 잠재력을 창조적으로 융합, 극대화하면, 그것이 부산이 싱가포르보다 잘 살아야 할 이유다. 싱가포르를 앞서기 위해서는 상상력과 창의력이 담보되어야 한다. 속도와 효율의 만능에서 벗어나 생각의 틀을 혁신하라.

7

영호남 골목경제의 상생과 통합을 위한 '영호남 지역형 편의점' 설립 방안

기업형 편의점의 폭풍성장은 영호남 골목경제에 치명적인 악영향을 미치고 있다. '수익'만을 챙겨 가는 것이 아니라 지역 '종잣돈'을 송두리째 도둑질해 간다는 것이 치명적인 문제다. 서둘러야 하지 않겠는가? 지역형 편의점을 만들어 기업형 편의점의 무차별 침투를 막아 내고, 동네빵집, 동네커피숍 등이 기업형 편의점으로 다 바뀌기 전에 서둘러야 하지 않겠는가? 그들은 부자들의 돈이 아니라 골목시장의 푼돈 쌈짓돈, 코 묻은 돈마저 싹쓸이해 가고 있다.

미래는 예측되는 것이 아니라 창조되는 것이다.

-피터 드러커-

'소비시장'은 영호남 경제의 핵심 자원이다. 하지만 '소비시장'이 지역경제와 오랫동안 분리되면서 반지역적인 거대 유통자본이 영호남 경제를 유린하는 세상을 만들었다. 영호남은 서울에 군림하는 유통권력에 예속된 채 똑같은 고용인 똑같은 소비자로 살아간다. 지역의 특수성, 자율성, 경제적 기회는 사라지고, 모든 수익은 서울에 있는 본사가 가져가고, 최종적으로는 총수들의 금고, 아니 월스트리트가 가져간다. 영호남 경제는 오직 서울의 소비시장으로 기능하며, 혼이 없는 식민경제로 전락했다.

이미 영호남 소비시장을 사실상 독점해 버린 대형 유통권력은 그것도 부족해 '기업형 편의점'을 앞세워 영호남의 마지막 남는 동네 골목시장마저 집어삼키고 있다. 성장 연료가 부족한 그들에게 탐욕은 당연한지 모른다. 영호남경제의 마지막 보류인 골목시장마저 무너진다면 영호남 경제는 말 그대로 끝장이 될 것이 자명하다. 무너지는 골목경제를 방치한 채, 진정 영호남 경제를 되살릴 수 있을까?

시장은 돈이 모이는 곳이다. 그래서 시장이 돈이고, 돈이 시장이다. 그러나 본질은 다르다. 돈은 '질'이 중요치 않다. 중요한 것은 오직 '양'이다. 새 돈이든 헌 돈이든, 도둑이 훔친 돈이든, 자선냄비 속의 돈이든, 돈은 양이 중요하다. 그러나 시장은 질이 중요하다. 공정한 시장은 다수의 공급자와 다수의 소비자가 공정한 경쟁과 거래를 통해 상호 이익을 얻는 곳이며, 경쟁이 치열한 역동적인 시장은 분배를 촉진하고 양극화를 몰아낸다. 그러나 현실의 영호남의 시장은 소수가 다수를 착취하는 승자독식이 판을 치는 불공정한 시장이 돼 버렸다.

자원이 한정된 지역경제는 소비 중심 경제다. 그러나 영호남 관료와 정치인들은 아직도 소비는 악이고 생산은 선이라는 청교도적 사고와 패러다임에 갇혀 있는 것일까? 아니면 오랜 성장 문화에 길들어진 탓일까? 생산만이 성장과 일자리를 창출한다는 프레임에 갇혀 아직도 '소비시장'의 중요성을 망각하고 있다. 수출 전쟁도 소비시장 쟁탈 전쟁이 아닌가? 18세기 식민지 쟁탈 전쟁도 본질은 영토 확장이 아니라 소비시장을 넓히기 위한 전쟁이었다.

우리나라 2014년 기준 대형 유통업태별 매출규모를 보면, 대형마트 48조 원, 슈퍼마켓 35조 원, 백화점 29조 원, 기업형편의점 15조 원이며, 2016년 통계청에 의하면 2015년의 편의점 매출은 17조 5천억 원, 2016년 매출은 21조 원을 넘었다. 대형 유통업의 매출은 정체에 들어간 반면, 편의점 매출 성장률은 거의 20%을 육박하고 있다. 이 놀라운 성장률을 뒤집어 보면, 영호남 지역의 골목경제가 빠른 속도로 붕괴하고 있다는 징조가 아닐까?

골목시장에는 동네슈퍼, 동네빵집 등 수많은 종류의 상점들이 선의의 경쟁하고, 서로 고객이 되어 주고, 서로 수익을 얻으며, 서로 의지하며 살아간다. 자투리 돈, 푼돈 등 작은 돈들이 모이고 쌓여 지역의 종잣돈을 만들고 키우며, 활기찬 골목경제가 지역의 잠재 경쟁력을 키우고 지역공동체를 지켜 준다. 골목경제는 크고 작은 상점들이 선의의 경쟁을 벌이는 장소이며, 또한 사람들이 얼굴을 보며 친밀감과 유대감을 나누는 커뮤니티 공간이다.

하지만, 골목마다 2-3개의 기업형 편의점들이 무차별 진출하면서 영호남 골목경제는 벼랑 끝으로 몰리고 있다. 그들은 24시간 잠도 자지 않고 지역의 돈을 약탈하며 골목시장 생태계를 파괴하고 있다. 성장의 본질은 먹어치우는 것이다. 지역의 자연환경을 먹든, 지역경제를 먹든, 지역공동체를 먹든, 먹어야 성장할 수 있다.

아무리 사나운 맹수도 먹지 못하면 죽음을 택할 수밖에 없다. 영호남 소비자들이 기업형 편의점 이용을 거부하거나, 지역 상점만을 이용 할 경우, 그들을 굶겨 죽일 수도, 몰아낼 수도 있지 않겠는가.

하지만, 기업형 편의점의 생존 방식은 본질적으로 다르다. 그들은 규모(평균 면적 22평)가 작아, 적은 매출에도 생존이 가능하도록 최적화되고, 커피숍, 도시락, 택배, 금융 등 새로운 기능과 결합, 진화를 통해 생존능력을 키우고 있다. 사실상 그들을 골목시장에서 몰아내거나 굶겨 죽이기는 거의 불가능하다.

그러나 희망은 있다. 2018년 1월 31일에는 부산에서 제 14회 영호남 시도지사 협력회의(대구, 경북, 부산, 울산, 경남, 광주, 전남, 전북)가 열렸다. 서울 수도권과 대항해 영호남 경제를 살리고 인구 감소를 막기 위해 공동 대응을 위한 모임이다. 8개의 지자체가 뜻을 모아 공동합의로 결단하면 성공하지 못할 정책이 있을까?

영호남 시민이 뜻을 모아 기업형 편의점의 이용을 거부한다면 그들을 골목시장에서 몰아낼 수 있지 않을까. 아니 스스로 물러나게 하는 방법은 없을까. 그러나 그것은 지역 소비자들의 합리적 소비의 선택권을 빼앗는 행위일 수 있다. 영호남 주민들의 소비의 선택권을 넓히면서, 지역경제를 살리는 방법은 없을까? 8개 지자체 공동 사업으로 '영호남 지역형 편의점'을 만들어 기업형 편의점과 경쟁을 시킨다면 어떨까?

일본에서는 홋카이도를 거점으로 한 지역형 편의점인 '세코마'는 세븐일레븐, 로손, 패밀리마트 등 대형편의점들과 경쟁 속에서도, 꿋꿋이 지역 중견기업으로서 지위를 유지하고 있다. 지역 식재료를 사용한 상품으로, 주민들의 사랑을 받으며, 지역 점유율 30% 이상을 꾸준히 지키고 있다.

부산에도 이미, 경남지역을 기반한, 규모는 작지만 지역형 편의점인 '하프타임'이 2000년에 설립되어, 기업형 편의점과의 차별화 전략으로 꾸준히 성장하고 있다.

2016년 기준 일본에는 5만 8천 개의 편의점이 자리 잡고, 매출액은 11조 4천억 엔(약 111조 5천 억 원)이며, 2014년 백화점(6조 엔)시장을 넘고, 마트(18조 엔)시장을 추격하고 있다.

우리나라는 2016년 기준 편의점 수가 3만 5천 개이며, 매출액은 20조 원을 넘어, 2014년 전통시장 매출액(19조 7천억 원)을 앞섰고, 백화점(29조 원)과 슈퍼마켓(35조 원)시장을 맹추격하고 있다. 연 15%의 성장이 계속되면, 10년 안에 편의점 매출이 50조 원을 넘어, 백화점, 대형마트 매출을 앞설 것으로 대부분 전문가들은 예상한다.

기업형 편의점의 폭풍성장은 영호남 골목경제에 치명적인 악영향을 미치고 있다. '수익'만을 챙겨가는 것이 아니라 지역 '종잣돈'을 송두리째 도둑질해 간다는 것이 치명적인 문제다.

서둘러야 하지 않겠는가? 지역형 편의점을 만들어 기업형 편의점의 무차별 침투를 막아 내고, 동네 빵집, 동네 커피숍 등이 기업형 편의점으로 다 바뀌기 전에 서둘러야 하지 않겠는가? 그들은 부자들의 돈이 아니라 골목시장의 푼돈, 쌈짓돈, 코 묻은 돈마저 싹쓸이해 가고 있다.

영호남 소비자들이, 아니 지역 관료와 정치인들이 착각하는 것이 하나 있다. 외국 대사관은 서울에 위치한다. 하지만, 미국 대사관이든 중국 대사관이든 그 내부는 미국 영토고 중국 영토다. 그래서 누구도 허가 없이 대사관 내부로 들어갈 수 없다.

대형 유통점이든 기업형 편의점이든 영호남 지역에 소재한다. 하지만, 그 내부는 서울 영토다. 허가 없이도 돈만 있으면 누구든 들어갈 수 있다. 거기 가서 쇼핑하면 서울 가서 쇼핑하는 거다. 이 소름 끼치는 진실을 외면하고 어떻게 영호남 경제를 되살릴 수 있겠는가?

만일 영호남 지역형 편의점이 탄생하면, 아무리 고도의 통계학과 인공지능을 갖춘 기업형 편의점이지만 일방적 승리는 어렵다. 지역 사랑을 기반한 연대의식을 어떻게 경제 논리로 이길 수 있겠는가? 기업형 편의점은 사익만의 극대화가 목표지만, 영호남 편의점은 지역의 공익을 염두에 두면서 사익을 추구한다.

기업형 편의점의 폭풍성장은 가파른 1인 가구 급증과 소량구매, 소비패턴 변화 등 외부 요인과 매일송금, 로열티지급, 무차별 점포 확대 등 그들의 탐욕적 '갑질' 마케팅 전략이 결정적 성공 요인이었다, 하지만 부산의 '하프타임' 등 독립형 편의점들은 매일송금, 로열티 같은 약탈적 정책 없이도 성장하고 있다.

2천만여 명의 영호남 인구를 기반한 소비시장과 지역사랑, 연대의식, 규모의 경제가 영호남 편의점의 핵심 경쟁력이 될 수 있을 것이다, 거기에 각 지역의 지역화폐('대여 상품권' 참조)와 결합되면 절대적 경쟁력을 확보할 수 있을 것이다. 영호남 편의점은 영호남 지역에서 생산된 제품과 지역 원재료를 사용한 제품을 우선 판매함으로써 영호남기업의 생산 활동을 확대 강화하고, 지역을 기반한 편의점 PB(자체브랜드) 상품 개발 등 영호남 지역 농수산물 확대 생산을 더욱 촉진하고, 영호남 일자리 창출에 크게 기여를 할 수 있을 것이다.

현재 영호남에 있는 편의점 수는 약 2만여 개다. 더 이상의 기업형 편의점의 확장을 막기 위해서는 영호남 편의점을 세워 그들과 경쟁을 하는 방법 외에 다른 대안은 찾기 어렵다. 새로 탄생할 영호남 편의점이 지역 사랑과 연대의식, 독창성을 기반으로 시장 점유율을 40% 이상 끌어올리고, 시장을 전국으로 확대하면, 1만여 개 이상의 영호남 편의점이 생겨날 수 있으며, 연 7-8조 원 이상의 매출을 기대할 수 있다.

이 막대한 돈이 외부로 유출되지 않고 지역에서 순환 유통된다면 영호남 경제를 견인하는 강력한 에너지로 작동될 것이다. 그러나 여기가 끝이 아니다.

일본 편의점 업계의 1위인 세븐일레븐은 편의점의 ATM기를 기반으로 '세븐은행'을 설립했다. 그들이 보유한 ATM은 2만 4천여 대로, 일본 4대 은행의 전체 수와 비슷하고, 수익의 90%가 ATM 수수료에서 나온다. 일반 은행처럼 신용카드, 주택담보 대출 등도 취급한다. 편의점 업체인 '로손'도 최근에 금융업 진출 허가를 받았다. 일본 편의점 업계의 금융업 진출이 가파르다.

편의점 사업의 특성과 핵심 경쟁력은 오프라인에서의 촘촘한 네트워킹이다. 국내에서도 GS25는 각 점포에 ATM을 설치해 입출금 금융 업무를 하고 있다. 새로 탄생할 영호남 편의점에 ATM기를 설치한다면, 영호남 편의점 1만여 개를 기반으로 '영호남통합은행'을 설립할 수 있지 않겠는가?

'영호남 지역편의점'과 '영호남통합은행'의 창조적 융합은 지역의 고질병인 자금 유출을 막고, 순환경제를 촉진하는 시너지를 극대화할 것이다.

거대 유통자본은 기업형 편의점을 앞세워 편의성과 접근성, 24시간 오픈이라는 강점을 무기로 전국 골목 구석구석을 무섭게 파고들고 있으며, 그러나 간과해서 안 되는 것은 영호남의 마지막 남은 자산인 '골목시장'마저 그들의 손에 들어간다면, 영호남 지역의 경제적 자립 기반이 송두리째 무너지는 것은 너무나 자명한 일이다.

기업형 편의점의 폭증으로 영호남 지역 골목경제의 기반이 무너지고, 경제적 관계가 사회적 관계와 분리되면서 지역공동체 문화와 전통이 붕괴되고 있다. 소비자 관점에선 편의점이 매우 편리하고 유용한 공간이지만, 영호남 지역경제 시각에서 보면, 기업형 편의점이 지역의 골목, 동네 상점의 매출을 가로채 돈을 서울로 유출시키는 통로가 되고 있으며, 영호남 자금 고갈의 핵심 요인이 되고 있다.

2018년 기준 우리나라 편의점 매출액은 24조 원을 넘어섰으며, 곧 백화점(30조)과 슈퍼마켓(33조)의 매출액을 넘어설 것이 확실하다. 그만큼 영호남 골목경제가 빠르게 무너질 것이며, 자금 유출도 더욱 가팔라질 것이 분명하다.

서울, 수도권과 대항해 영호남의 골목경제를 지키고, 자금유출을 막기 위한 공동 대응 전략이 절박하다.

영호남 골목경제는 사회적 삶과 경제적 삶을 하나로 엮어내면서 지역 발전과 사회 안정, 공동체 강화라는 세 가지 기능을 강화, 수행하고 있다. 그래도 망설일 것인가? 더 늦기 전에 영호남 지역형 편의점을 설립하여, 영호남 골목경제의 붕괴를 막고, 서울, 수도권과의 경제적 격차를 좁히고 영호남 인구 감소를 차단해야 하지 않겠는가?

8

'상품권 대여(지역화폐)' 시스템에 의한 '지역경제(자영업, 전통시장) 살리기' 전략

'대여 받은' 상품권은 상환 기일이 되면 현금으로 상환해야 한다. 또한 상품권은 일종의 지역 화폐로서, '상품권 대여' 시스템은 자영업자에게 이자가 붙지 않는 돈, 즉 지역화폐(상품권)를 대출해 주는 제도라고 할 수 있다. 지방정부가 보증한 자기앞수표라고 할 수도 있다. 단 사용지역, 사용방법, 사용기간이 극히 제한적이라는 것이다. 이 제도는 충분한 예산 확보에 어려움을 겪고 있는 지방정부에게 서민경제를 살릴 수 있는 강력한 수단이 될 수 있다. 다시 말해 지방정부가 서민경제를 살릴 수 있는 훌륭한 수단을 확보하게 된다는 의미다.

내가 되갚아 줄 봉사를 그가 좋아하지 않거나 상관하지 않는다면, 내게 봉사하라고 그를 어떻게 설득할 수 있을까. 평화로이 살면서 사회와 맞부딪히는 일이 없는 사람들은 변호사에게 아무것도 해 주지 않을 것이고, 의사는 가족 모두가 완전하게 건강한 사람에게는 아무것도 얻을 수 없을 것이다. 돈은 사람들이 서로에게 해 주는 모든 봉사에 적합한 보상이 되어 줌으로써 이러한 어려움을 모두 없애 준다.

-맨더빌의 원전에서-

1. 지역사랑 상품권(지역화폐) 발행과 문제점

1) 지역사랑 상품권 발행 현황

글로벌 세계화가 시작된 1990년대 이전만 해도 소상공인, 전통시장은 지역경제의 중심축이었지만 세계화가 급속히 진행되면서 지역의 유통시장은 대형 유통자본에 의해 순식간에 독점되었으며, 지역에 뿌리를 둔 경쟁력이 약한 자영업 전통시장은 빠른 속도로 도태되었다.

정부는 무너져 가는 자영업, 전통시장 등 지역경제의 회생을 위해, 재선을 의식한 지체장들이 지역경제를 살리기 위해 '지역사랑상품권'의 발행에 적극 나서고 있다. 하지만 투자 비용에 비해 효과는 극히 미미하다는 평가다.

2014년 말 '강화사랑 상품권'을 도입했던 강화군은 작년 7월 상품권 판매를 중단했다. 3-5%씩 할인 판매로 10억 원의 재정 손실이 발생했지만 효과는 체감할 수 없었고, 강원도는 2017년 '강원상품권' 480억 원어치를 찍어 냈지만 법인과 개인이 산 것은 10%도 안 되고, 90%를 도 예산으로 되샀다. 도의회는 전형적인 예산 낭비라며 상품권 폐지를 논의했다.

하지만 금년(2020년) 들어 상황이 급변했다. 사상 초유의 코로나 사태로 최악의 경제 위기를 타파하기 위해 정부는 악화되는 지역경제와 특히 자영업, 전통시장을 살리기 위한 비상수단으로 정부적 차원에서 지역상품권(지역화폐) 발행을 독려, 적극 지원하기 시작했다. 금년에만 2조 원의 상품권을 발행 계획이다.

물론, 지역상품권이 돈의 외부 유출을 완화하고 자영업, 전통시장의 매출증가 등 지역경제 활성화에 다소 도움이 되는 것은 분명하지만, 한 번 쓰고 폐기되는 일회용 상품권의 한계로 승수효과는 기대하기 어렵다. 자영업, 전통시장 등 지역경제를 살리기에는 극히 제한적일 수밖에 없다는 점을 깊이 깨닫는 것이 무엇보다 중요하다.

2) 지역 상품권의 문제점과 개선 방향

정부와 기초단체장들이 그동안 지역경제 활성화와 자영업, 전통시장 살리기 위해 온누리상품권과 지역사랑상품권 발행에 행정력 동원 등 모든 노력을 기울여 왔지만 만족할 만한 성과를 얻지 못하고 있다. 대부분의 소비자들이 쇼핑 환경이 쾌적한 대형 유통점이나 슈퍼마켓을 선호하고 익숙해져, 지역 자영업이나 전통시장을 기피하는 현실을 극복하기 어렵기 때문일 것이다.

'지역사랑 상품권'은 일반 소비자들이 알뜰 구매를 위해 자발적으로 3-5% 할인된 상품권을 구매하여 사용할 수 있어야만 얼마간 성과를 거둘 수 있는 제도다. 하지만 정부는 코로나 사태 이후 급격이 악화되는 경제, 특이 지역경제의 뿌리인 자영업, 전통시장을 살리기 위해 파격적인 10%의 할인된 금액으로 상품권을 판매하고 있다. 할인금액과 발행비용 등을 포함하면 엄청난 예산이 투입되는 셈이다. 2조 원의 지역상품권을 발행하면 2400억 원 이상의 비용이 발생한다. 막대한 비용이다. 투자 대비 효과가 극히 제한적인 것을 감안할 때 예산낭비가 아니라고 주장하기 어려울 것이다.

예산 대비 효과가 극히 제한적임에도, 정부는 내년(2021년)에 무려 15조 원 규모의 상품권을 발행할 계획이다. 최악의 경제 위기를 위해 모든 수단을 동원하려는 정부의 고충은 이해하지만, 한 번 사용하고 폐기되는 상품권의 구조적 한계, 즉 일회용 상품권으로 소비확대, 고용창출, 통화량 증가 등 승수효과는 기대할 수 없으며, 다만 지역 내 자영업, 전통시장의 매출 증가는 가능할 것이다. 진정, 보다 더 좋은 대안은 없는지 깊은 분석과 연구가 요구된다.

관계 전문가들조차 현재 일회성으로 사용하고 폐기되는 지역사랑 상품권을 돈처럼 반복, 순환적으로 사용할 수 있도록 개선해야 상품권 유통속도가 높아지고 소비 확대, 일자기 창출 등 지역경제 활성화에 크게 기여할 수 있다고 조언하고 있다.

지금 소개할 '상품권 대여' 시스템은, 전문가들의 주장처럼 상품권의 반복 사용이 가능하고, 승수효과를 극대화할 수 있으며, 교환수단을 넘어 대출수단으로 기능할 수 있는 '지역화폐'로 활용할 수 있는 방법을 제시할 것이다. 지역화폐는 '저축'이 아니라 '거래'와 '소비' 촉진을 위해 존재하는 돈이다.

2. '상품권 대여' 시스템

1) '상품권 대여' 시스템이란?

지방정부 또는 기초단체가 은행이 돈을 대출해 주는 것처럼 상품권(지역화폐)을 발행하여 자영업자들에게 일정기간 대여(대출)해 주는 제도다. 일정한 지역 내에서만 사용할 수 있는 상품권을 발행하여 일정기간 동안 상품권을 대여해 주는 제도다.

2) '상품권 대여' 시스템의 운영 방법

'상품권 대여' 시스템이란 기존 상품권처럼 판매에 의해 공급 유통되는 것이 아니라, 일정한 지역(10~30만 명 인구) 내에서, 전통시장과 거래가 많은 음식점 등 자영업자들에게 일정기간 상품권(지역화폐)을 대여해 주는, 즉 상품권을 빌려줌(대출)으로서 유통 순환되는 시스템이다.

대여받은 상품권은 상환 기일이 되면 현금으로 상환해야 한다. 또한 상품권은 일종의 지역화폐로서, '상품권 대여' 시스템은 자영업자에게 이자가 붙지 않는 돈, 즉 지역화폐(상품권)를 대출해 주는 제도라고 할 수 있다. 지방정부가 보증한 자기앞수표라고 할 수도 있다. 단 사용지역, 사용방법, 사용기간이 극히 제한적이라는 것이다. 이 제도는 충분한 예산 확보에 어려움을 겪고 있는 지방정부에게 서민경제를 살릴 수 있는 강력한 수단이 될 수 있다. 다시 말해 지방정부가 서민경제를 살릴 수 있는 훌륭한 수단을 확보하게 된다는 의미다.

3. '상품권 대여' 시스템의 도입 필요성

일정한 지역 내에 소재한 음식점 등 자영업자들은 빌린 상품권을 현금처럼 사용할 수 있으며, 그 지역 내에 소재한 전통시장에서 자신들의 영업에 필요한 식자재나 생활에 필요한 물건들을 구입하여 안정된 장사를 할 수 있다. 항상 돈에 조달에 쪼들리는 영세 자영업자들은 '대여받은' 상품권(지역화폐)을 운영자금으로 사용할 수 있다.

그 대신 자신들이 보유한 현금(국가화폐)은 부채상환이나 이자, 세금, 보험료 등에 사용함으로서 가능한 빚을 늘리지 않고 사업을 계속할 수 있다. 항상 신용 부족과 빚의 압박에 시달려 온 영세 자영업자와 소상공인들에게 새로운 자금 공급원을 제공함으로서 지역경제에 활력을 불어넣고, 지방정부는 자립경제의 기반을 획기적으로 높일 수 있을 것이다.

4. '상품권 대여' 시스템이 지역경제에 미치는 영향

1) 전통시장의 매출 증가

2010년도 중소기업청 자료에 의하면 최근 4년 동안 전통시장 매출액은 20% 가까이 감소한 반면 대형 유통점 매출은 30% 이상 증가한 것으로 나타났다. 전국 1517개 전통시장 2010년 매출액은 약 24조 원으로 2006년의 매출액 29조 8000억 원에 비해 무려 19.4%나 감소했다. 이에 반해 이마트, 롯데마트, 홈플러스 등 425개 대형 유통점의 작년(2010년) 매출액은 33조 7000억 원으로 4년 전 대비 30% 이상 늘었다.

이와 같은 대형 유통점들의 폭발적인 매출액 증가는 각 지방, 지역의 전통시장의 급격한 매출 감소로 이어지고, 전통시장 상인들은 매출 감소를 견디지 못한 상인들은 하나둘 문을 닫고 시장을 떠나고 있는 참담한 실정이다.

그러나 '상품권 대여' 시스템이 도입될 경우, 상품권(지역화폐)을 대여받은 자영업자들은 지역에 소재한 전통시장에서만 상품권을 사용할 수 있음으로, 자영업자들이 빌려 간 상품권 총액만큼 전통시장의 매출이 증가할 것이 확실하며, 상품권이 재사용될수록 2-3배의 매출 증가도 기대할 수 있을 것이다.

2) 자영업자의 자금 부족 해소

우리나라 자영업자 수는 570만 개다. 그중 음식점 사업자의 비중이 크다. 2013년 통계청 자료에 의하면 우리나라 음식점 수 62만 개, 175만 명 종사자, 연 매출은 80조 원대 규모다.

하지만, 대부분이 영세사업자인 그들은 개업한 지 2년을 버티지 못하고 폐업하는 사업자가 40%를 넘는다고 한다. 창업 시 자기자금보다는 대부분 빚을 내 사업을 시작하기 때문에, 항상 자금난에 허덕이며 이자 내기에도 급급한 실정이다. 최근 통계청 자료에 의하면, 우리나라 자영업자 평균 빚은 1억 원 이상으로 임금 근로자(5천만 원)보다 2배가 넘는다. 매출 증가가 있어야만 가능한 수익 증가가 따르지 않는 한 빚은 계속 늘어나고 경영은 더욱 악화될 것이다.

그러나 자영업자들이 '상품권 대여' 제도를 최대한 활용, 상품권을 운영자금 등으로 적극 활용한다면, 항상 돈에 쪼들리는 자영업자들에게 결정적 도움이 될 수 있을 것이다. 빌린 상품권(지역화폐)을 이용해 필요한 원부재료 등을 구입한다면, 현금을 아낄 수 있으며, 현금은 다른 용도, 이자, 세금, 빚 상환 등에 사용할 수 있다. 묵은 빚을 갚기 위해 새 빚을 내거나, 이자 내기 위해 빚을 내는 악순환의 고리를 끊을 수 있는 계기가 될 수 있다.

이 상품권은 '이자가 붙지 않는 돈(지역화폐)'으로, 효율적으로 잘 활용하면, 자영업자들은 더 이상 고금리의 빚을 내지 않고도 사업을 계속할 수 있으며, 더 사업을 확장할 수도 있을 것이다.

3) 자영업, 전통시장 살리기

국세청 발표에 의하면 국내 자영업자는 573만여 명으로 전체 경제활동 인구 2541만여 명의 23%이지만, 지역경제 시각에서 보면 자영업이 지역경제의 3분의 1 이상을 떠받치고 있다고 볼 수 있다.

대형할인점, 대형슈퍼, SSM 등 대형 유통자본의 폭풍 성장으로, 지역의 자영업, 전통시장 매출이 급격히 감소하고 생존의 위기로 내몰리고 있다. 대부분의 자영업자들은 매출 감소와 자금 부족으로 창업

후 3년을 버티지 못하고 절반 이상이 폐업을 하고 있는 실정이다.

수도권을 제외한 우리나라 지역경제는 한마디로 고사 직전이다. 만성 불황으로 침몰 직전에 놓여 있다. 핵심 요인은 돈의 고갈이다. 돈의 순환이 정체될수록 돈의 결핍은 더욱 가속화된다. 돈의 결핍은 서로 경쟁을 격화시키고, 양극화를 키우고, 실업자를 양산한다.

우리 인체는 혈액이 원활히 순환함으로 모든 기능이 제대로 작동하고, 생명이 유지될 수 있다. 그러나 순환이 막히고, 산소와 영양분이 공급되지 못하는 곳이 생기면 바로 썩는다. 지역에서 순환되어야 할 돈, 지역에서 만들어진(대출) 돈마저 외부(서울)로 유출이 계속되면서 지역에는 돈이 고갈되고 빚만 쌓이고 있다. 서민경제의 기둥인 자영업자들은 매출 감소와 빚의 압박에 시달린 채 빈곤층으로 추락하고 있는 것이 지금의 참담한 현실이다.

그렇다면 자영업과 전통시장을 살리고 지역경제를 회생시킬 수 있는 방법은 정말 없는 것일까?

방법이 있다. 두 가지다. 하나는 서울로 유출되는 돈을 모든 수단을 동원해 철저히 막아 내는 방법이 하나 있고, 또 다른 하나는 유출되는 돈을 막아 낼 수 없다면, 지역화폐를 발행, 지역경제에 직접 투입하는 방법이다. 다시 말해, 지역화폐를 창출, 시장에 돈을 보충해 줌으로

써, 돈을 순환시키는 방법이다.

'상품권 대여' 시스템은 지방정부가 돈(지역화폐)을 만들어 영세 상인들의 손에 돈을 쥐어 주는 적극적인 방법이다. 처음에는 망설임과 두려움이 있겠지만. 용기를 가지고 '상품권 대여' 시스템을 도입한다면, 자영업, 전통시장의 매출이 급증할 것이 분명하며, 자영업자들은 현금을 아끼고, 빌린 상품권(지역화폐)을 운영자금으로 최대한 활용함으로써 살인적인 고금리 압박에서 벗어날 수 있다.

지역화폐('상품권 대여' 시스템)는 돈이 돌게 만들고, 소비를 촉진하고, 빚을 갚기 쉽게 해 줌으로써 불황의 깊은 수렁에 빠진 자영업, 전통시장, 아니 지역경제를 통째로 살리는 마법의 도구가 될 수 있을 것이다.

4) 가계부채 감소 및 소득격차 완화

정부의 발표에 의하며 가계부채가 이미 1400조 원을 훨씬 넘어섰다. 빚의 규모와 증가 속도가 너무 빠르다. 그래서 정부는 심각히 우려하고 있다. 하지만 자원이 극히 제한적인 지역경제 관점에서는 가계부채는 매우 치명적일 수밖에 없다. 빚 많은 가정이 어렵듯이 가계부채가 증가할수록 지역경제가 더욱 어려워지기 때문이다. 즉 가계부채가 증가할수록 지역의 이자 비용을 증가시키고, 그만큼 지역의 가계소득을 감소시키기 때문이다.

하지만 이자 없는 지역화폐(대여 상품권)가 발행되면 당장 가계부채 증가를 막을 수 있고, 지역화폐 유통량이 증가하면, 소비는 살아나고 거래가 활발해지면 경기가 좋아진다. 그러면 가계소득이 증가하고 가계부채는 당연히 감소할 것이다. 그리고 돈의 순환이 원활히 이루어지면 소득격차 역시 점진적으로 완화될 것이 자명하다

5) 지방정부의 예산 절감과 예산 효율의 극대화

우리나라 지자체의 재정자립도는 서울 등 일부를 제외하고는 대부분 50% 미만이고 적은 지자체는 평균 20-30%도 안 된다. 그래서 대부분의 지자체는 예산 부족으로 지역 사업을 축소하거나 계획을 뒤로 미루기를 반복한다. 그러나 지역화폐(대여 상품권)를 발행, 창조적으로 활용하면, 부족한 예산을 메울 수도 도리어 지역사업을 확대할 수도 있다.

예컨대 학생인턴 사업이나 노인일자리 사업을 위해 규모가 작은 지자체도 수십 억 원의 예산을 확보하고 있는데 지역화폐를 활용하면 주어진 예산으로 일자리를 배 이상 늘릴 수 있으며, 생활이 궁핍한 저소득층이나 빈곤층에게 지역화폐를 활용, 무이자로 대출을 해 주는 사업 등, 그들의 생활 안정을 도모하는 복지를 확대할 수도 있을 것이다. 지역화폐를 창조적으로 활용하는 지자체는 보다 많은 지역사업을 개발할 수 있으며, 예산 효율 극대화를 통해 20% 이상의 예산 절감

효과를 기대할 수 있을 것이다.

5. '상품권 대여' 시스템 도입 방법

1) '상품권 대여' 시스템의 관리 및 운영

◎ 지자체장의 역할과 책임

지자체장의 책임 아래 상품권을 발행하며, '상품권 대여' 시스템이 원활이 작동될 수 있도록 적극적으로 지원, 감독하고, 문제점을 찾아내 신속히 해결토록 한다.

◎ 상품권(지역화폐) 유통 활성화 추진 협의회' 구성

지자체장이 회장을 맡고, 지역의 신협, 새마을금고의 책임자, 각 전통시장 상인회 회장, 모든 자영업 업종별 대표, 전문 변호사 등 20명 내외로 협의회를 구성하고, 상품권 발행규모, 대여방법, 대여금액 한도, 대여기간, 보증방법, 현금교환 할인율, 현금교환 가맹점 지정, 위조방지책 등 주요 핵심 사항을 협의 결정한다.

2) 상품권 발행 규모

◎ 인구 30만 명 이상인 일반 시 및 구청: 월 10-30억 원 이상 발행

◎ 인구 규모가 10만-30만 명인 일반 시 및 구청: 월 5-10억 원 발행

◎ 인구 규모가 10만 이하인 군 단위: 월 3-5억 원 발행

◎ 2-3개 군 통합 상품권 발행

인구 10만 이하인 군단위의 경우 단독 발행보다 2-3개 군이 합동으로 상품권을 발행할 경우 비용 절감과 규모 경제 실현으로 지역 발전과 경제 활성화의 시너지를 극대화할 수 있다.

3) '상품권 대여' 대상 업종 및 직업

◎ 지역 내 소재한 음식점, 커피숍, 미용실 등 모든 종류의 자영업

◎ 지역 내 유치원, 어린이집, 동네 학원, 사회적 기업 및 중소기업

◎ 지역 내 공무원, 공기업 임직원 등

4) 상품권 대여 한도 및 대여 기간

◎ 대여 한도: 200만 원-500만 원

◎ 대여 기간: 3개월-6개월

5) 상환 방법 및 보증방법

◎ 상환 방법: 현금으로 상환

◎ 보증 방법: 동종 자영업자 2인 이상 추천

6) 이자 및 대여 수수료

◎ 이자: 무이자

◎ 3개월 이내의 대여수수료: 대여 금액의 1%

◎ 3개월-6개월 이내의 대여수수료: 대여 금액의 1.5%

7) 현금 교환 가맹점 지정 및 현금 교환 비율

◎ 현금 교환 가맹점 지정

원칙적으로 전통시장 내에 있는 점포만을 현금 교환 가맹점으로 지정할 수 있으며, 현금 교환 가맹점만이 상품권을 현금으로 교환할 수 있다. 단 특별한 경우 전통시장 밖에 있는 자영업도 현금 교환 가맹점으로 지정할 수 있다.

◎ 현금 교환 할인율

상품권 금액의 3%를 할인하고 97%를 현금으로 교환해 준다.

8) 현금 교환 금융기관

◎ 새마을 금고

◎ 신협

9) 사용기간

◎ 발행한 후 1년 이내에 현금으로 교환되는 것을 원칙으로 한다.

'대여 상품권'과 '지역사랑 상품권'의 비교 분석표

구분	대여 상품권	지역사랑 상품권
돈의 유통량	발행한 만큼 증가한다.	발행해도 증가하지 않음.
자영업, 전통시장 매출액	'거래빈도'가 증가할수록 기하급수적으로 증가한다.	산술급수적으로 증가한다.
지역 소비규모 (내수시장)	2-3배로 커진다.	거의 변화 없음.
금융 지원 기능	자금(대출)지원.	전혀 없음.
정부예산	필요 없음.	필요함.

'상품권 대여 시스템' 흐름도

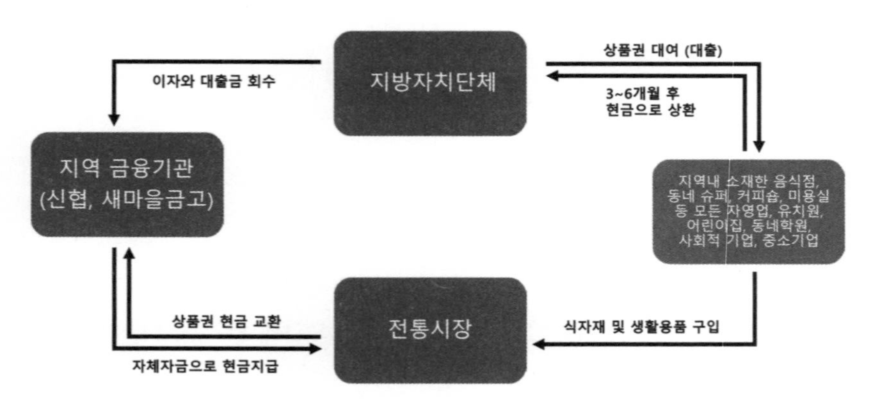